生活需要分寸感

做人靠谱，做事有度

李世强◎编著

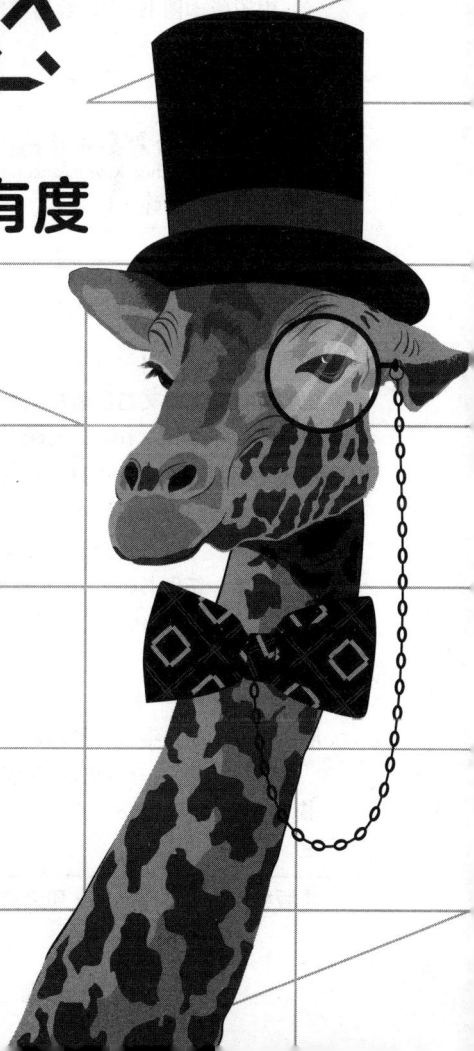

花山文艺出版社

河北·石家庄

图书在版编目（CIP）数据

生活需要分寸感：做人靠谱，做事有度 / 李世强编
著. — 石家庄：花山文艺出版社，2019.11（2020.4重印）
ISBN 978-7-5511-5060-6

Ⅰ.①生… Ⅱ.①李… Ⅲ.①心理交往－社会心理学
Ⅳ.①C912.11

中国版本图书馆CIP数据核字（2019）第260011 号

书　　名：	生活需要分寸感：做人靠谱，做事有度
	Shenghuo Xuyao Fencungan: Zuoren Kaopu, Zuoshi Youdu
编　　著：	李世强
责任编辑：	梁东方
责任校对：	林艳辉
美术编辑：	陈　淼
封面设计：	李三月
出版发行：	花山文艺出版社（邮政编码：050061）
	（河北省石家庄市友谊北大街330号）
销售热线：	0311-88643221/29/31/32/26
传　　真：	0311-88643225
印　　刷：	三河市金泰源印务有限公司
经　　销：	新华书店
开　　本：	880×1230　1/32
印　　张：	8
字　　数：	169千字
版　　次：	2019年11月第1版
	2020年4月第2次印刷
书　　号：	ISBN 978-7-5511-5060-6
定　　价：	39.80元

☕ 前 言

　　从古至今，中国一直讲究中庸之道，做什么事都要有个"度"，没达到不行，超过这个度也不行，所谓过犹不及也就是这个道理。而这个"度"是什么呢？用我们现代比较通俗的语言来解释，就是分寸感。

　　无论是生活还是工作中，如何掌握分寸感都是一门很高深的学问。在与人交谈的时候，双方免不了就彼此的观点、要求等进行表态——或是赞同，或是反对，或是存有疑问。这个时候，一定要拿捏好分寸；朋友让你为他办一件事情，你无法办到，或者成本太高，这时你如何拒绝才能既不伤害到对方的面子，又让他知难而退呢？这其中，拒绝时说话的分寸就至关重要了；我们时常喜欢和朋友开开玩笑，但玩笑中的分寸也一定要掌握好，说得平淡，气氛会尴尬，说得过头，甚至涉及别人的隐私，就会惹恼对方，最后得不偿失……可以说，任何事情都需要有一个"度"，也就是我们所说的分寸。

　　现代社会是一个人际关系复杂、社交活动频繁的社会，那些说话有分寸的人无论走到哪里都会受到欢迎。掌握好说话的分寸，即使是在批评别人的时候也能把批评的话说得动听，而且还可以让对方毫无怨言地接受。看看我们身边那些人缘好、工作中如鱼得水的人，都是知道如何掌握分寸的人，也就是我们常说的情商高的人。

　　也许有的读者会认为，分寸感这个东西太难拿捏，虽然在生活中也想说话做事有分寸，但不知不觉就会逾越这个"度"，最后在自己都还没有意识到的情况下就得罪了别人。这样的困惑正是本书存在的意义。本书从实用角度出发，运用通俗易懂的语言，把分寸感在生活中的重要性以理论加案例的方式体现出来，以各种场景、各种情况该如何应对为基础，对分寸感进行了全方位的剖析和介绍。相信本书会对一些无法拿捏分寸，不知如何找到分寸感的读者有一定的帮助。希望每一位读者在看完这本书后，都能成为一个懂分寸、知进退的人，在生活中万事顺意，在事业上如鱼得水。

☕ 目录

第 一 章

所谓情商高就是有分寸感

高情商的人，面对任何人说话都有分寸感

高情商的人都有一项本领，那就是看人说话。他们懂得先看清对象，想好之后再说，这样和任何人说话都会有分寸感，不至于聊不到点上，更不至于话说过头而得罪对方，因此他们才会拥有良好的人际关系。

俗话说："见人说人话，见鬼说鬼话。"这不是虚伪，而是一种有分寸的说话方式。因为每个人的身份和地位都不一样，如果不分对象乱说一气，肯定会得罪人。

有一年元旦同学聚会，有人提议想去看看很久没见的班主任张老师。

第二天，我们来到了张老师家。虽然已是快六十岁的人了，但她依然打扮得很时髦。"哎，我孙子都出生了，我越来越老了啊。"张老师看到我们很高兴，随后又感叹道。

"谁不是越来越老啊，老师您已经很不错了，看着比同龄人要年轻很多。"我们都知道张老师怕老，所以都刻意避开这个话题。

张老师对我们很热情，忙着添茶倒水。可能是这几天应酬多，她透着疲惫，加上感冒后声音沙哑，整个人看起来都不是太精神。

有一个同学毕业后很不如意，这次看望张老师是想顺便请她指点迷津。"张老师，好久没见了，挺想你的。"那位同学把带来的

水果放下，开始跟张老师寒暄。

张老师坐下后，那个同学继续说道："老师，你的声音听起来很沙哑，人也不精神，看起来比之前苍老了很多。"

这么一说，张老师跟受了打击一样，脸色立刻就变了，气氛瞬间陷入了尴尬。

"我只是感冒了，有些疲惫而已。"张老师说话时明显带着不悦。

那个同学这才意识到自己失言了，也没敢再说明自己来的意图。

我们连忙岔开话题，谈论起张老师的孙子……而这一整天，张老师都很少跟那个同学说话。

在生活中，很多人都会犯类似的错误，他们说话不看对象，不分场合，没有分寸感，最后只会冒失地得罪人，无法达到自己的交际目的。

与人交往，必须掌握说话的艺术，才能为交际的顺利开展奠定良好的基础。交流是相互的，如果只顾表达自我，不顾对方的感受，那就是情商低下的表现了。值得注意的是，我们应该看人说话，在沟通时要懂得用对方喜欢的方式表达，如此才能获得他的认可。

有人认为，这是曲意逢迎，无异于说假话，溜须拍马。这么理解是错误的，因为看对象说话是为了统一大家的沟通方式，是对他人的一种尊重。

其实，这是很有深意的事，其中包含了很多交际技巧。我们要注意观察对方的为人，了解对方的喜好，熟悉对方的交际方式——只有摸透了对方，在谈话时才能做到得心应手。

也许你说话不是字字珠玑，但懂得看对象说话，能说到对方的心窝里去，你就更容易被他人理解，也更容易得到信任。至于谈话对象，可以根据他的性格、喜好、文化程度、身份地位等找到合适的切入点。

但是，跟性格随和的人说话时也不要太过拘谨。这些人有些大大咧咧，跟谁说话都"不客气"——他们认为随意是一种亲近的表现。所以，跟他们交流，你如果咬文嚼字、中规中矩的话，他们就很难对你产生好感。

俗话说"入乡随俗"，懂得看人说话，沟通就会更顺利。

阮成是某玩具公司的采购员，他就很懂"看人说话"这一套。有一次，他跟合作的包装箱供应商谈业务，负责接待他的是小赵。小赵是东北人，性格爽朗，能力很不错。他之前见过小赵几次，也算熟悉。

"你小子最近忙什么呢？好久不见啊！"阮成很豁达地说，他放下了平时的客套劲儿。

"哎呀，是你大驾光临啊，真是想死我了。"小赵笑哈哈地打招呼。

"这不，还有不到一个月就是六一儿童节了，我们公司要准备提前给代理商铺货，这次要的包装箱准备得怎么样了？虽说数量有点大，但要是没准备好，我可饶不了你啊！"阮成佯装发狠地说。

小赵一听，马上乐了："放心吧，我就是不给别人也得先给你供货啊，谁让咱俩'臭味相投'呢。"

这看似随意的谈话，其实是故意为之，因为阮成了解小赵，他喜欢跟爽快的人做朋友。如果自己说话中规中矩，效果反而会不好。

跟沉闷、固执的人交流时，说话要简洁，有重点。因为这类人反感滔滔不绝，讨厌兜圈子，喜欢直奔主题。面对傲慢无礼的人，要耐着性子交谈。对这类人说话要有力，有主见，但万不可伤了他们的面子。因为这类人常常唯我独尊，一旦觉得丢脸了就会做出不理智的事。跟这类人交往时既要强硬，又要适当地示弱。

　　跟地位比较高的人说话时，要恭敬有礼，尽量说符合对方身份的话。你不能按照平时的方式去说话，不能太随便，也不需要多亲切。

　　跟文化水平高的人说话时，可以适当地对语言进行修饰，书面化、专业、含蓄一些。但跟文化水平低的人说话就不能如此了，因为你文绉绉的话，对方会很不适应。为了避免尴尬，最好说大白话。

　　面对虚荣的人，不妨多称赞、恭维对方一些，他们会很受用。而面对深藏不露的人，最好先向对方表达自己，之后对方才会变得主动。

　　面对性格温和的人，说话不要太急，配合好他的节奏就行。而遇到自私的人，不妨先提一些对方可以从中获得的好处，那样你们自然会变得"友好"起来。

　　总之，在交流时要根据对方的身份和谈话的具体内容选择相应的说话方式，这样才是高情商的表现，才能搭建良好的沟通平台，达到自己的交际目的。

恰到好处把握细节，是沟通的关键

细节决定成败。很多时候，那些微乎其微的细节往往会对事情的结果起决定性作用。人际交往或者说服他人过程中每一处细节都能体现出你情商的高低。细节同样决定着你留给对方的印象，决定着对方是否愿意继续与你交往、保持联系或者是否愿意接受你的说服。

如果你在交谈中，把一些小的细节处理得有分寸、恰到好处，那么往往会打动人心，并使对方对你的好感倍增。一个小小的细节很能反映出一个人的本性。所以，通过对细节的注重也能成就一番大事业。

江波是公司业务部的经理。因为业务需要，出差是江波的家常便饭。每一次出差前，他都会先和合作对象联系，然后到当地会面。几个月前，外地的李经理突然决定要取消合作，江波决定找李经理再商谈一下，希望能留住这个大客户。

到达李经理所在的城市时，江波发现李经理的手机临时停机了。江波想，可能李经理还没发现自己的手机停机。于是，江波立刻为李经理充了一百元话费，并发了一条短信以示问候："工作别太辛苦，愿你时时都有好心情。"

收到短信后，一直没有察觉手机停机的李经理这才发现了自己的疏忽。他立即打电话和江波取得了联系。

江波为李经理充话费的这个小小的细节深深地打动了李经理，没有经过商谈，李经理当即就决定继续和江波合作。

江波并没有刻意去做什么，只是看到对方停机时帮了个小忙。江波是为了尽快能和李经理联系上，节省在外地盲目等待所花费的时间和精力才做了这件小事。

令江波意外和开心的是，正是因为这个小小的举动，竟然成功地"说服"了李经理这个大客户。

细节，就是要着眼于细微之处。有时候，也许我们只是做了一件很小的事情，却能得到意想不到的收获。细节存在于我们普通的日常生活中，只要你注重了每一个细节，那么你就能获得更多的益处。

一些小细节往往能起到决定性的作用，甚至决定你留给别人的印象。所以，交际绝不可以忽略细节与技巧。

不要小瞧了和别人沟通时的细节，就像我们不能忽略打招呼这个简单而最基本的礼貌一样。在交往时，言谈举止往往是人的内心世界的反映，因此必须注意自己的言谈举止。你的言谈举止可能会使对方喜欢你，也可能会使对方讨厌你，是能否说服别人的关键。

你要时时反省、审视自己的举止言行。虽然只是一些细节，平时也要多加注意才不致出错，令对方对你产生反感。

交谈中，你能否成为一个受人欢迎的人和你是否注重交往的细节有很大的关系，不要轻视任何一个小小的动作、行为或语言，这都有可能成为对事情起关键作用的细节。那些令人反感、厌恶的小细节往往在最关键的时刻暴露你的大缺点，从而使你在别人眼里的形象大打折扣。

细节有时会体现在你为别人小小的付出上。比如，在原本的基础上为别人多做一点事情，对别人做出细微的关照，这些小事可能给你带来意想不到的收获。

杨秀是一个从农村来的女孩，没有多少文化，却有着一手缝纫的绝活。为了一家的生计，她在路边摆了个小摊，帮别人做些缝缝补补的活儿。

一天，一位顾客匆忙拿了一件旧衣服交给杨秀修补。顾客只给了修补衣服的钱，杨秀把衣服缝补好，又用电熨斗把皱巴巴的旧衣服熨平整后才交给顾客。

杨秀帮顾客熨衣服，这一个小小的细节让顾客很感动，他说："我只给了你修补衣服的钱，而你却帮我熨得这么平整。真是太感谢你了！"

周围的同行都觉得杨秀傻。杨秀却不在意这些人的议论，勤勤恳恳地做着自己的活儿。

后来，那位顾客把杨秀介绍给了他一个开服装厂的亲戚，杨秀成了服装厂的工人。

多年后，那些嘲笑杨秀的人仍然在街上做着缝缝补补的零活，而杨秀却已当上了服装厂的总经理。

细节体现在行动上。一句温暖的话语，一次真诚的握手，一个温馨的提示都能帮你获得意外的收获。比如，遇人时要面带微笑，哪怕是陌生人也不能做出一副严肃、冷峻的表情。包括与人握手，与人对话时都要注意细节。

只有在行动上把细节做得恰到好处，才能在对方心里树立好的形象，从而打动、说服对方。

细节体现在修养上。有时候决定细节的是一个人的修养、胸怀和人格。提高自己的个人素质，提升个人魅力，树立良好的个人形象，才能获得别人对你的认可。

比如，对别人的错误不要当场批评，可以找个合适的时机委婉地指出；在背后坚决不说别人的坏话。这些小的细节都能体现和反映出一个人的修养和素质。

细节体现在日常生活的点点滴滴中。比如，见过一次面后，一定要记住别人的名字。如果可能，还要对别人的兴趣爱好加以了解，还可以问一下他的生日并暗暗记在心里。当对方过生日的时候送上一份对方喜欢的礼物。

在各种有纪念意义的日子发条短信问候或祝福一下，或者邮寄过去你精心准备的礼物。这是你真诚地向对方表示最好祝愿的时机。把握住这些时机，也就等于抓住了生活中的小细节。

细节在于习惯的培养。良好习惯的养成是很有必要的，注重细节的习惯会让你在交际时有意想不到的收获。

重细节的习惯，需要你在日常生活中不断地积累和培养。如果你准备得很充分，当机会来临时，你就不会因为不注重细节而失去它。我们都应该从珍视细节开始。生活中如此，工作中如此，交际中亦如此。

热心也要有分寸，并非所有事情都能帮

《闲人马大姐》这部电视剧，相信很多读者都不会陌生。由蔡明扮演的马大姐是个热心人，热衷于处理街坊邻里的家庭琐事并传为一段佳话。现实中，如马大姐这样的人不在少数，喜欢帮助他人解决一些力所能及的事情。

乐于助人，这当然是好事。著名心理学家阿德勒曾经表示："帮助他人，才是人类实现自我价值的最佳途径。"不过，如果为了帮助别人却让自己陷入另一种困境，这显然不是一件好事。毕竟，帮助别人需要占用自己大量的时间，如果我们从不拒绝，那么势必会忙得不可开交。只顾着帮别人的忙，自己的事情却做得很少，这当然会极大地降低自己的工作效率。

当然不可否认的是，总有一些人，会一而再，再而三地央求我们帮忙，甚至有些请求已经违背了我们的原则和底线。面对这样的人，如果我们不懂得守住底线，依旧毫无保留地帮忙，那么久而久之我们就会被贴上这样的标签："他这个人什么忙都帮！以后有什么事情都找他！"

就算是马大姐热心肠、不上班，恐怕也不可能永远义务劳动，永远不忙自己的事情，更不会帮助一些坏人做坏事。所以，帮助人是好事，但是我们也要保留自己的底线，拒绝得寸进尺！

孙强在大学时期是学生会主席，总是很热心地帮助同学们。到了工作岗位也是如此，很热衷于帮助同事们。这个同事太忙，来不及做计划书，他就帮忙把文本格式做好；那个同事中午加班没时间吃饭，他也会帮忙带上一份饭回来。所以，孙强在公司里有很好的口碑。

这天，一个同事要连夜加班，于是找到孙强说："孙强，我手头有个客户的资料，需要录进数据库，你看，你能帮帮我吗？"

孙强听完，皱了皱眉头说："咱们公司有规定，客户资料一对一跟进，不能随便泄露，包括同事。再说，我晚上也有一件重要的事情要忙，这次真不好意思。"

"你，你怎么这样呢？让你帮个忙，又不是让你干什么……"同事显然有些不高兴。

孙强义正辞严地说："真的，不是不帮，而是咱们有明确规定。你说其他事我推辞过吗？我不能因为帮忙就破了底线！"

恰巧，有一个很佩服孙强的新人庄羽听到了他们的对话，急忙说道："没事，我来！哥，你交给我！"

看见有人主动帮自己忙，同事当然很高兴，将资料递给庄羽就去忙了。孙强拉住他说："庄羽，帮助人没有关系，但是，有原则的事情，你不能就这么……"

庄羽说："孙哥，你太小心了！没事，我注意点就好！"

看着庄羽，孙强摇了摇头。

没想到，最后的结果还是让孙强说中了。因为庄羽的粗心，那份重要的客户资料录入错了，还不慎在玩微博时进行了共享。结果，客户资料被泄露，老板大发雷霆。最后，还是孙强求情才让这件事平息下去。

庄羽有些不服气，找到孙强诉苦。孙强说："小庄，你要记得，虽然帮助别人可以让你在公司里有个好名声，但是底线不能碰！第一，你不能耽误自己的工作；第二，不能触碰公司的规矩。否则，到头来吃亏的只有你！"

与孙强相比，小庄显然还太稚嫩。对于帮助别人，孙强很能把握住度，首先是不耽误自己的事情，同时还能很好地控制住底线。毕竟在工作中，每个人的职责都是明确的，你没有义务在别人的工作上插手，而且有时候你帮他人做事，还会涉及越权问题，不仅不会得到好处，还有可能会被上司批评。但小庄显然没有意识到这一点，结果捅了大娄子。

所以说，帮助人是有限度的，我们不能听到对方有要求就立刻放下手里的活儿去帮忙，哪怕明明知道对方的要求是违反原则的。这就像一个不会游泳的人，听到有人要你下河救人，你根本不拒绝就往水里跳，这不等于自找苦吃吗？

当然，如果我们有帮助人的好习惯，那么就应该保持下去。毕竟，乐于助人无论在哪个时代都是值得被赞扬的。我们需要做的，是找到分寸感、找到一个平衡点、找到一个底线，在帮助人的同时也能够有原则地说"不"。

讨好也该有个度，没了分寸就失去了自我

生活中可能会有这样的人——他绝对是众人眼中的老好人，每个人说起他来都是点头称赞，对待家人从来都是任劳任怨、无微不至，对待自己的朋友也是真诚相待，哪怕他对待一个路上遇到的陌生人也会尽自己最大的努力去帮助别人。他从不会因为自己所受的辛苦和委屈而有任何的抱怨。

这种人似乎很完美，因为他有一颗善良无私的心。但是心理学家却认为，这种对他人过分友善的行为可能是一种病态。工作中，我们肯定有去讨好某个人的时候，特别是在领导面前，行为举止也大多会在意领导的眼光，办公室里常常会上演在老板面前点头哈腰的一幕。

但是那种只想着一味地去取悦他人的人也要为此付出昂贵的代价。这种人似乎总是处于一种不安全的状态，不相信自己，也不能承受生活带给自己的压力和挫折，而且讨好他人的时间一长就会愈发地感到自己被孤立。就像巴巴内尔在他的《揭开友善的面具》一书中写道："极端无私是一种用来掩盖一系列心理和情感问题的性格特征。"

工作中讨好他人的时候肯定是有的，因为一个人能力超群并不代表这个人就一定能得到老板的青睐。你的能力比他人强只能说明你是一个好员工，一个优秀的工作人员。老板会赏识你的工作能力，

但是会不会器重你还要综合其他因素，比如你的人格魅力。

    小王家里很有钱，大学毕业后进了一家贸易公司工作。她自身条件其实很优越，但是因为从小就对出口贸易感兴趣，所以她寻觅了很久，终于找到了这家做贸易的公司。

    刚进公司时，小王表现得异常热情，对每个同事都非常有礼貌。出于对他们的尊重，小王每次有什么问题要请教的时候总会热忱地称对方为"老师"，因为她觉得这是对他人最大的尊重。但是同事们都对这个称呼觉得非常别扭。

    有一天，小王为了答谢多日来同事们对她工作上的帮助，决定请他们吃饭。同事们都以为就是普通的饭馆之类，没想到居然是一家五星级的大饭店，这让同事们都面面相觑，惊讶得不行。结账的时候，服务员递给小王一张接近三千元的账单，小王二话不说直接付钱，在座的同事觉得这顿饭太贵，都不好意思了。

    出了饭店时间还早，小王又说请大家去KTV唱歌，但是同事们听了都连连摆手，以各种借口推辞离开了。

    在以后的日子里，小王每天都会给他们带一些各种各样的小礼物，并且每次送的东西都不便宜。同事们自然也不好意思一直收她的礼物，又不好拒绝，只能再买东西还礼。渐渐地，小王的这个举动让周围的人越来越反感，后来甚至到了只要小王说要买什么东西大家都直接拒绝她的地步，而且还和她保持一定的距离。

    遭到周围人冷落的小王心里十分纳闷，她对每个人都这么好，为什么大家会对她这种态度呢？

    其实，小王不知道，工作中重要的不是如何去讨好他人，而是怎样去提高自己。如果你只知道盲目地去讨好周围的人，反而会失去周围人对你的尊重。

如果你想得到周围人的认可，让每个人都对自己满意，于是费尽心思博得他人喜爱，甚至不惜牺牲自己的健康与快乐来取悦别人，这种努力是徒劳的。成为老好人的你，并不会被他人念叨你的好。这种友善无私的好实际上是对人际关系缺乏安全感的表现，是对拒绝、敌意等消极情绪的畏惧，从反面映射出了你的自卑与自责。不做老好人，你才能活出自我。

在小玲的认知中，说"不"是一种不好的言行。在上学期间，小玲就从来不拒绝同学的请求。帮同学带早餐，一带就是一整个学期。教室的扫帚、拖把似乎成了小玲的专属物，只要地板脏了，无论是轮到哪个同学值日，只要同学一起哄，小玲便会面带笑容地拿起工具。她有时也会感到累，也有不想动的时候，只是当同学们一个劲儿地夸奖她，或者埋怨她怎么变懒了，小玲便会立刻拿起卫生工具投入到劳作中。只是，当小玲自己需要他人帮忙时，虽然她不会轻易开口求助于人，但还是会遭到拒绝。这时的小玲会很难过，却总能替他人的拒绝找到借口。

大学毕业后，在一家公司工作的小玲仍旧成为同事心目中的"老好人"。只要同事有需要，小玲便随叫随到。有时由于自己正在工作中，抽不出身来帮助同事，之后她还得笑脸道歉。为同事沏一杯茶，倒一杯咖啡，跑个腿拿些材料成为小玲的分外兼职专属工作。只是，当小玲偶尔做得没能完全符合同事的心意时，面对他们的抱怨，小玲也会觉得委屈。可是当下次同事再让她帮忙时，小玲还是会答应，而且会更加小心翼翼。

小玲有时也会觉得不情愿，但她担心自己的拒绝会伤害同事间的感情，而且自己所做的事真的只是小事。小玲的人缘很好，公司里的人都喜欢她，小玲也很享受这种感觉。小玲帮助别人并没有想要有所回报。她心甘情愿地帮助他人，他人也心安理得地接受小玲的帮助。

因为搬家去了另一个城市，小玲不得已辞去了工作。而当小玲惦记着同事打电话给他们时，他们只是不停地抱怨小玲走了，没有人再帮他们端茶送水、跑腿了。直到这时，小玲才开始有所醒悟，自己从来不对别人说"不"，成为众人眼中的老好人，却失去了自我。

当你成为众人眼中的老好人，不要为此感到庆幸，而是该自我警醒，自己是否已成为老好人的"牺牲品"？我们应该远离老好人，做自己人生的主人。

你去一味讨好一个人的时候，也就证明了你不如这个人。与其这样不情愿地讨好别人，不如将更多的时间花在强大自身上。

讨好他人的方式也需要灵活使用，不是对谁都一味地奉承。你将自己的尊严都丢弃了，还指望谁会来尊重你呢？这些人只会觉得你就是一个没有能力的人，一个只会卑躬屈膝、没有自我的人。

爱面子要有度，过分之后将成为累赘

爱面子是人的一种重要和典型的社会心理现象。但有些人爱面子已经到了让人受不了的程度——这就是问题了。

现代作家林语堂认为，统治中国的三个"女神"分别是面子、命运、恩惠，而且在这三个"女神"中，面子比命运和恩惠还要有力量。

中国人的确讲究面子，比如说，甲跟乙借五千块钱，尽管乙最近手头也不宽裕，但依然会爽快地答应，因为不借会丢面子。

爱面子无可厚非，但要有个度——有的人就过度了，他们往往因为要面子而使自己受尽了委屈，这就是死要面子活受罪。这是一种高成本、低回报的投资，往往会让人得不偿失。说穿了，这种人不是为自己而活，而是为他人而活。

如今，"死要面子"这一人性的弱点还在不同程度地上演着。但是，这虽然能满足人的虚荣心，也能因此而毁了一个人的人生。

生活中死要面子的人不在少数。例如，正在谈恋爱的小伙子往往喜欢在女友面前摆阔，即使借贷也要装成有钱人；有的学生顾忌面子，在学习中遇到不懂的地方也不好意思向老师和同学请教。这样的反面教材比比皆是，我们要引以为戒。

有一个男人是工薪族，可是因为他生性豪爽，要面子，有人缺钱时总是第一个找他借。因此，他家的钱总是以奉献为先——哪怕手头紧，他就是再去找别人借钱，也要满足朋友的要求。

刚结婚时，妻子有一份薪水丰厚的工作，所以并没有怎么限制丈夫的开支。可婚后不久，随着孩子的出生，这对"月光族"才开始想到攒钱。此时，因为孩子花销大，再加上妻子要照料孩子而辞去了工作，仅靠丈夫的工资未免捉襟见肘。

一次月底，丈夫的同学登门拜访，寒暄一阵后提出了借钱的请求。

妻子坦言他们最近手头也不宽裕，可没想到丈夫当即斥责了她，说她是个小肚鸡肠的女人，懊悔自己当初怎么会跟她这种人在一起了。随后，他痛快地答应了同学的请求。

同学离开后，妻子对丈夫说："你天天要面子，这个找你借钱，你借；那个找你借钱，你也借——你不就是害怕自己在别人面前抬不起头吗？刚才你当着外人的面羞辱我，你以为你维护了自己的面子吗，其实你恰恰丢了面子！"

妻子的一席话让丈夫恍然大悟：他当着同学的面轻贱妻子，不就是对妻子和自己的不尊重吗？这样的人又怎么会得到他人的尊重呢？

面子会让你活得很累，甚至会把你引入深渊，会破坏家庭的幸福。可见，投资面子得不偿失。

俗话说："面子无常价，是宝也是草。"很多人觉得面子等于自尊，不重视它会给自己造成麻烦。面子固然重要，但我们不必为了无意义的面子而折腾自己，让自己受苦、遭罪。所以，顺其自然最可贵。

其实，面子就是虚荣心的表现。为人处世，虽然没面子会受人歧视，可是太爱面子，也容易吃哑巴亏。因此，我们应该客观地看待面子，把握好要面子的分寸，在要面子的同时，也要过正常、健康的人生。

第 二 章

处世分寸感：
对人远没有宽容更能赢得人心

忘记他人的"不好"，多想"好"的一面

电影《中国合伙人》中有一段情节让人印象深刻：成东青、孟晓骏、王阳三个好兄弟一起创业，但后来因为处事方式和价值观不同，三个人在大吵一架后分道扬镳了。再后来"新梦想"学校惹上了官司，就在成东青孤立无援的危急时刻，两个好兄弟又回到了他身边，并愿意和他一起共渡难关。

不计前嫌的故事不仅发生在电影里，在历史中同样比比皆是：春秋时期，齐桓公重用曾经暗杀过自己的管仲，这是一种不计前嫌；功成名就以后的梅兰芳能够主动照顾曾经把他轰出师门的恩师，这是一种不计前嫌；一个好心的女孩被摔倒的老人诬陷，真相大白后反而向住院的老人捐了一千多元，这同样是一种不计前嫌。

不计前嫌不仅仅是宽恕和谅解，很多时候它还意味着破镜重圆，甚至是以德报怨。在生活中，忘掉一个人的过错其实并不难，难的是仍能以一颗慈悲的善心去面对那些伤害过我们的人。

朱莉亚如今已经年过六旬。她曾经嫁给过一名伐木工人。婚后的生活不算幸福，丈夫贪杯酗酒以及酒后打人的坏习惯始终困扰着她，但为了家庭的完整，她都忍了下来。

后来，她丈夫丢了工作。朱莉亚靠做小生意赚钱，成为家里唯一的经济来源。每天的生意都是由她自己打理，丈夫从来不管不问，每天仍然喝得烂醉如泥。有一年圣诞节，丈夫在酒醉后打伤了她的头。

这让她彻底绝望了，终于下定决心选择离婚。

三年后的一天，她从别人那里得知前夫突然失踪了。原来，他在酒后突发脑出血，晕倒在路上。朱莉亚来到医院，找到神志不清的前夫，并拿出自己的积蓄给他治病，后来还把他接回家中。

前夫患病后生活不能自理，全要靠朱莉亚照顾。虽然付出了很多辛劳，朱莉亚却释然了许多。她说："我和他毕竟曾是夫妻，他虽然做过伤害我的事，可我们毕竟一起走过那么多岁月。如今他遇到了困难，我不能坐视不管，我要是不管，他就彻底完了。"

在她的努力和感动下，前夫的身体在一天天好转。他也对自己曾经犯下的错感到深深的内疚。

面对一个已经和自己毫无瓜葛的病中男人，朱莉亚完全可以置之不理，特别是这个男人还曾经深深地伤害过她。但是，良心却让她不计前嫌，把那些不愉快的往事暂时搁置一边，全心全意地照顾这个曾经可恶、现在可怜的男人。尽管他们最终没有复婚，但是一个悲剧能以这样的结局收场也算是一种圆满。这不仅体现了朱莉亚大度的胸怀，更体现出人性中的真善美。

与其总是对别人的"不好"耿耿于怀，不如更多地想到别人的"好"。这不仅能使我们的生活变得和谐，对我们事业的发展同样非常重要。

尼万斯离开苹果公司已经有十年的时间了。当初他选择离开时，创始人乔布斯和人力资源部部长盖勒对他苦苦挽留，但都没有奏效。

十年后，尼万斯深深感觉到自己当初离开苹果实在是一个错误，并希望回到公司继续工作。但是，他的复职申请被盖勒拒绝了。

不久后，乔布斯在研发一个项目时突然想到，尼万斯的专长恰好适合这个项目，如果有他的参与一定能攻克当前技术上的难关。但盖勒仍然坚持，一个人必须为自己的"背叛"付出代价，这是他应有的下场，他没有资格再回来。

于是，乔布斯劝解道："每位员工都是公司的无价之宝，一旦被竞争对手挖走，损失将不可估量。他重返公司不仅会让团队增加一位顶尖的人才，还能削弱竞争对手的力量，何乐而不为呢？"

后来，尼万斯终于如愿以偿回到了苹果公司，而且工作比以前更卖力。在那之后，鼓励离职的老员工重返公司成为苹果公司一项极具特色的人事制度。正如现任苹果CEO库克说的那样："简单地以道德的眼光去审视员工的跳槽行为，将跳槽者列入黑名单，这对于员工和公司而言都没什么好处。而宽容他们，给他们返岗的机会，也就是给苹果公司机会。"

当然，不计前嫌并非是没有底线的妥协，而是要我们搁置那些不愉快的经历，以宽广的胸怀去包容往日的恩怨。不睚眦必报，不落井下石，甚至还要学会以德报怨。即使我们的好心不能得到善果，但至少也对得起自己的良心了。

吴承恩在《西游记》中写过一句话："遇方便时行方便，得饶人处且饶人。"不计前嫌是成大事者的心态，人世间任何一种旧恶都有重新来过的机会。很多时候，别人也未必是真的错，可能只是彼此之间的立场不同导致价值观存在差异罢了；即便对方真的错了，只要有诚心悔改之意，我们也没有不去饶恕他的理由。

过分得意忘形，危机会取而代之

有位企业家曾说过："当你经过千辛万苦终于使你的产品打开市场的时候，你最多只能高兴5分钟，因为你若不努力，第6分钟就会有人赶上你，甚至超过你。"

这句话告诫我们，一时的成绩不代表永久的成功，在社交时如果得意忘形，一味张扬、炫耀，只会带来负面效应。所以，无论多高兴，应该适可而止。

在特洛伊人与入侵者——希腊联军的战役中，双方均有胜负。后来，有人给希腊联军献计，佯装撤退之势，只将一匹大木马留在城外，但在马腹内藏了精干武士，其余主力军皆隐藏于附近。

特洛伊人看见希腊大军浩浩荡荡地撤了，还真以为敌人就此罢手了，于是将木马拖入城内当作胜利的果实。

但让特洛伊人乐极生悲的事情还是发生了。就在他们享受胜利的春秋大梦的时候，木马中的敌人全都跳了出来，悄悄打开城门，跟城外的主力部队里应外合，将特洛伊人灭亡了。

在取得阶段性胜利或成功时，喜不自禁、忘乎所以是人类最普遍的弱点。而不能抑制的骄傲自满的情绪则是造成失败的原因之一。

举例来说，当上司提升或嘉奖你的时候，你肯定会感到高兴、得意。这当然无可厚非，但是要记住：不能忘形。如果你因为得到一点荣誉就翘起尾巴，不知道自己是谁了，你就会因此而止步不前——这就很危险了。

在成功的同时要记得告诫自己：与自己的职业规划相比，这只不过是微乎其微的一点点小成绩，所以不能高兴得太早，还需要继续努力。

邻居张叔叔的儿子年后考过了司法考试，请几个相熟的邻居到饭店吃饭，一来是为儿子庆祝，二来是想让大家帮忙给介绍个对象。

饭桌上张叔叔笑得合不拢嘴，连声夸赞自己的儿子："我们家大兵就是聪明，这司法考试随便一考就过了，不像有的孩子，考好几次都考不过啊！"

邻居们也跟着附和，夸他儿子优秀。张叔叔自然喜不自胜，这时他端起杯子和旁边的大禹说："我们家小子比你小两岁，你们单位有没有适龄的姑娘，帮忙给介绍介绍，我们要求也不高，和你媳妇一样就行。"

大禹本来挺乐意帮忙的，可听张叔叔这么一说心里就不大痛快了，心想："要求不高？那你这意思是我千辛万苦追来的女神不好啊！你这是贬低我，还是贬低我老婆呢？"

于是，大禹故作深沉地说："叔叔，这事可没法办了。我老婆这条件可高了，不好找。"

张叔叔自知话说错了，打了个哈哈也就胡乱遮掩过去了，但是想让大禹帮忙介绍对象的事也告吹了。

你的得意忘形很可能会对他人的尊严构成挑战，对方对你的排斥心理乃至敌意也就不自觉地产生了。这就要求我们做人要学会"心张扬而神不张扬"。

聪明的人在得意的时候也不会高兴得太过，因为他们明白，一味地醉心于取得的一点成绩，很快就会被别人击败。而得意忘形后，危机感就会取而代之。

事实上，危机无处不在，无时不在。当你在某一领域取得了一定成绩的时候，你无须过分重视，因为成绩已经成了历史。

你的影子你不必留恋——哪怕它很辉煌，也只是虚无的影子而已。要知道，如果你对影子恋恋不舍，你就背离了太阳。

饭桌上喝酒，最忌讳和邻座小声嘀咕

吃饭喝酒一直在社交中起到非常重要的作用，有些事就是在吃饭喝酒中沟通出来的。尤其是喝酒，当酒过三巡后，在酒酣耳热之际向上司说几句情真意切的掏心话，也许升职加薪就指日可待；与合作伙伴吃饭，酒足饭饱之后越说越投机，也许就能财源滚滚。

酒桌上说话的技巧关乎一个生意的成败，甚至会影响到一个人的一生。应对酒局，懂得酒桌上的礼仪者智，能言会言者胜。因此，要想掌握说话的主动权，在吃喝间赢得人脉，就要学会如何在酒桌上说话。

蔡阳是一个营销专业的应届毕业生，前几天刚刚到自己梦寐以求的电子公司做实习生。蔡阳非常珍惜这次机会，希望实习结束后能留在公司的营销部门工作。

这天，公司安排了实习生与正式员工的交际酒会，以方便大家沟通和联络感情。席间，他的座位与一位后勤部的许主管的位子紧邻。可能是刚到一个公司参加这样一个酒会，他的心里有点紧张。跟大家敬酒并做完自我介绍之后，蔡阳就与邻座的许主管讲起了之前他在网上看到的一些笑话，也可能是两人都怕打扰到大家，所以说话的声音比较小。而且由于交谈得太过投入，就连人事部门的经理向他举杯问候，他都没有听到。

"小蔡同志，你跟许主管有什么小秘密在那儿小声地说呢，不妨大声说出来跟大家分享一下！"经理似有愠色地问。

"没有，没有，就是说了一些无关紧要的小笑话。"蔡阳惶恐地回答。

"嗯，你很谨慎。"经理听了蔡阳的解释，似笑非笑地说。

但是第二天蔡阳就发现大家对自己疏远了许多，似乎做什么事情都有意躲着自己。蔡阳心里纳闷，就找到了平时跟自己关系比较好的一个老员工，向他请教。

"不是我说你，昨天酒会上你不该跟许主管在那儿窃窃私语。"那个老员工语重心长地说道。

原来，这个许主管人称"笑面虎"，总是说一套做一套，经常在老总面前打小报告。大家都害怕自己有什么小辫子被他抓到，位置不保，就连人事部的经理都差点在他那儿吃大亏。那天蔡阳跟许主管谈得那么投入，大家还以为蔡阳是他特意培养的"小爪牙"，生怕自己有什么错被抓住，所以才不敢跟蔡阳走得太近。

蔡阳就是由于不懂得酒桌礼仪，才会引起大家的误解。试想一下，如果大家都在兴高采烈地互相寒暄介绍，只有你跟周围的人在那儿小声嘀咕着什么，说到高兴处还忍不住放声大笑，或者时不时地抬起头看看别人，那么被看的那个人会怎么想？他就会想难道是我今天穿的衣服不合体？还是我牙上留下了吃饭的菜叶子？或者是我哪句话说错了？过后他的心里肯定会不舒服，觉得你不尊重人，别人在你眼里或许就是个笑话，这将直接影响到你的人缘。

喝酒聊天，肯定宾客比较多，有熟悉的，也有不熟悉的。如果此时你与邻座的人小声嘀咕，那就会给别人一种神秘感，往往让人产生"就你俩好""你俩在议论别人"的感觉。

另外，人们往往会把喝酒聊天跟利益联系起来。如果你在酒桌上与一个人贴耳私语，也许别人在脑海中就会将你进行"过滤""站队"，或者是求同排异。不管你愿意还是不愿意，对方已经在心里跟你划分了界限。这对于你的广泛交际是没有任何益处的。

蔡阳吸取了上次酒会的教训，在实习期快结束的一次总结晚会上改正了和周围人窃窃私语的毛病。这次他在酒桌上与每个人谈话都力求言辞精准、情真意切，提出的一些话题也都是一些轻松幽默、能让每个人都参与进来的话题。这样既引起了大家的共鸣，又活跃了现场的气氛。

经过这次酒会，大家对蔡阳有了新的认识，都被他的广博知识和幽默的人格魅力所吸引。三个月实习期过后，蔡阳也顺利地留在了自己梦想的营销部门。

不管是亲朋好友聚会还是同事之间的沟通交流，要想做一个受大家欢迎的人，酒桌上一定不能只和邻座小声嘀咕，有什么话都要放到"台面"上来讲，有什么难题也可以说出来让大家一起给你出出主意，一定要表现出自己的君子风度和对其他人的尊敬才行。

凡事不能做绝，不要把别人逼到死角

人生不会永远一帆风顺，谁都有时运不济的时候，所以凡事不能做绝，不论何时都要给自己留一条后路。得意时，不要把别人逼到死角，要懂得给对方台阶下。这不仅是给别人机会，也等于为自己留了一扇窗户。

俗话说："三十年河东，三十年河西。"如果当初你给他人留了后路，落魄时对方也会对你伸出援手。如果之前你太过盛气凌人，这时别人只会落井下石。

堂妹大学毕业后与舍友王艳进了同一家服装公司。因为二人是好朋友，所以相处得很和睦。但很快她们俩就开始暗地里较劲了——她们都想早日转为正式员工，升职加薪。

有一次，堂妹整理的数据出了问题，领导在办公室里狠狠地批评她："你来公司有一段时间了，怎么都不长心啊？做这么简单的事也能出错，你真是太让我失望了。"

这时候，王艳正好也来交资料。看到这一幕，她不但不给堂妹台阶下，还趁机添油加醋地讽刺道："我们是同一天来公司的，算算日子确实也不短了。"王艳的讽刺之意非常明显，堂妹听了又生气又难过。

领导又批评了堂妹几句，让她去重做。

后来，堂妹拦住王艳质问道："你刚才在办公室里为什么添油加醋地告我状？再怎么说，我们也是朋友和校友啊！"

"我哪儿有啊？"王艳还不承认。

"你还不承认，那好，以后你有事别求我！"堂妹一时发了火。

"求你？哼，我才不会出错呢。咱们今天就一刀两断，以后走着瞧。"王艳把话说绝了，没有考虑后果。

三个月后，堂妹因为工作能力出众，提前被评为优秀员工加组长，成了王艳的上级。虽然堂妹没有故意刁难王艳什么，只是两人再见面时不免都会觉得有些尴尬。

因为面对堂妹时一直很不自在，王艳最后没办法，只得辞去了工作。

俗话说："饭可以多吃，话不可以多说，事不可以做绝。"这是为人处世的重要原则，也是中庸之道的重要体现。

不给别人带来压力，同时能给自己留一条后路，何乐而不为呢？王艳最后自食苦果，就是因为当初不懂得适可而止，把话说得太过，丝毫不给自己和别人留余地。

每个人的生活都会有起伏，一时得意，也会一时落魄。如果你不懂得适可而止，甚至借机落井下石，之后必然会遭到反击。说话、做事留有余地，才是保护自己的最好方法。

把话说过，把事做绝，就好比一个杯子里已经装满了水，继续加水只会溢出，这就是水满则溢的道理。所以，聪明的人不管在什么时候都会给自己、给别人留余地。当然，这就必须从各方面严格要求自己。

首先，要学会说话，无论因为什么原因，都不能把话说得太满。

其次，没能力做好的事，不要随口应承。即使你有把握做好它，也要含蓄地表态，给自己留有空间。

最后，如果别人遭遇尴尬或一时失意，千万不要嘲笑，而应该展现出自己的宽容大度，为对方开一扇方便之门，对方必将感激无比。

张绮雨大学毕业后找了一份很不错的工作，待遇丰厚，工作也不累，还有大把的休息时间。她唯一的缺点就是有些小虚荣，特别喜欢在别人面前显摆自己，比如炫耀自己有钱，有追求，有品位。每次见到朋友，她都会说："我的梦想就是环游世界，见识形形色色的人和事，而不是做个平庸的井底之蛙。"

起初，大家都以为张绮雨说的是真的，并称赞她是个浪漫主义者。但是很久之后，她还是逢人就说自己要环游世界的梦想，只是从来不付诸行动。渐渐地，大家就开始对她有点反感了。

在一次同学聚会上，张绮雨又是老话重提，一个同学实在忍不住了，嘲讽地问张绮雨："你不是说要去环游世界吗？那你先说说，国内的旅游景点你去过多少？"

张绮雨尴尬地说："没去过几个呢。"

大家忍不住嘲笑了她一番。我赶紧出来打圆场："没事，没事，计划往往赶不上变化，绮雨的计划肯定会慢慢实现的。"

我的及时救场让张绮雨感激不已，从那之后，她时不时地就会送些小礼物给我，在我需要帮助的时候也总是会伸出援手。

每个人都有陷入尴尬、遇到困难需要及时救场的时候，如果我们能在这时为对方铺就一条"出路"，就等于给自己留了条后路。所以，跟他人交往时，我们要懂得为别人考虑，得饶人处且饶人。

　　还有些人比较势利眼，看到他人落魄就冷嘲热讽，不愿伸出援手。这种态度是不可取的。在关键时刻更要帮助他人，因为对方现在落魄不等于永远不济，之后说不定还会大有作为。也就是说，我们要有"多在冷庙烧高香"的心胸和见识——平时有意识地帮助时运不济的人，等他们有朝一日飞黄腾达之后，通常都会以涌泉相报，这也等于是为自己留了条后路。

　　懂得留余地是一种豁达、睿智，是"宰相肚里能撑船"的表现，可以得到别人的尊重。所以，要想在交际道路上走得更远，留余地是最好的方式。

得理不饶人，赢得口水战又如何

俗话说："有理走遍天下，无理寸步难行。"可见人们都知道没有理就很难得到大家的认同，可是有理，就能不饶人了吗？

你可能常常看到有些人劝导或者批评别人，很有点"得理不饶人"的意思，被批评者不是不买账，就是口服心不服，结果双方都不愉快。生活中"得理不饶人"的"口水大战"屡见不鲜，更有甚者双方发生肢体冲突，造成人身伤害。

餐厅里，清洁阿姨很费力地刚拖好地。一名服务员却因为走路不小心把客人吃剩的菜汤洒到了地上。服务员向阿姨道过歉后，阿姨仍然得理不饶人地咒骂道："说对不起有什么用？你走路不长眼啊？对不起能让被你弄脏的地面重新变干净吗……"

服务员见阿姨依然在那里喋喋不休就反唇相讥道："我就没长眼睛又怎么了？我哪儿比得上您老那双'千里眼'呢！"

"怎么，你把我刚拖的地弄脏了，你还有理了？没见过这么没素质的！"阿姨越发气愤。

"我没素质怎么了，那也比不上你，你才没素质！"

两人就这样当着客人的面越吵越凶，谁也不让谁，影响极其恶劣。最后，老板只好把这两个人都开除了。

若是以一个外人的角度来看，这件事很简单，服务员道过歉，互相谅解一下就可以了。只不过每一个人都保持着自己的意见，没有站在对方的立场上为他人着想，冲突与争执也就在所难免了。

如果每个人在开口讲话之前都能设身处地先为别人考虑一番，做到"有理让三分"，退一步海阔天空，那些不必要的摩擦与争执也许就可以避免了。

与人交往，要考虑到别人的感受。"话到嘴边留三分"是我们在工作或者生活中与他人说话应具备的基本技巧。

丽萍是一个能力很强的销售经理，但就是有一样不好，总是"得理不饶人"，让人感觉她很强势，难以接近。

一次，她让自己手下的一个小姑娘萱萱去火车站帮自己接一位客户，并嘱咐萱萱接到客户后立刻给她打电话。

结果到了晚上10点多了，萱萱还没有给丽萍回电话，打电话也打不通。丽萍非常着急，就发动其他同事去火车站找人。

忙了大半夜，终于在火车站附近的医院找到了他们。原来客户突发急性阑尾炎，萱萱只顾着送客户去医院，忘了给丽萍回电话报平安了，之后她的手机没电了，所以接不到电话。

萱萱觉得自己害大家担心，又耽误了大家休息，心里非常过意不去，从见面开始就不住地跟大家解释，向丽萍道歉。大家纷纷安慰她道："不要放在心上，谁还没有犯错的时候……"

只有丽萍毫不理会她的道歉，也不顾忌客户是否在场。她对萱萱不停地咆哮、臭骂："你知道因为你的失误我们浪费了多少人力、物力吗？你做事之前能不能先过过脑子？你是还没毕业的小学生吗？如果是这样的话你可以回学校学个几年再出来工作了……"

萱萱觉得自己已经诚心地向同事道歉了，大家都原谅自己了，只有经理一直得理不饶人，还讲那些伤人自尊的话。她觉得丽萍是有意针对自己，就伤心地哭着跑开了。客户也觉得脸上挂不住，借口身体不舒服而返程了。

说话讲理是理所当然的事情，但只有"让三分"才能让别人容易接受，否则就会被他人认为你没有"人情味"。

对于员工来说，办公室是办公场所，人跟人相处难免会有摩擦，与他人合作时意见不可能完全统一。然而，你如果说话总是咄咄逼人，凡事都要争个输赢，即使是你赢了，大家也不会从心里接纳你，只会感觉你是个不给友人留余地，不尊重别人，只知道一味争强好胜的同事。当然，暗地里大家就会有意避开你，这样你就失去了很多交到朋友的机会。而且那个被你"打败"的同事也会在心里记恨你，这样你又在无意之中多了一个敌人。

工作中与别人交谈时，你一定要学会抑制自己，不能总想着如何在言语中占据上风，不然久而久之，同事们就会疏远你，对你敬而远之。

同样，也不要在生活中的日常小事上，一见对方有漏洞就捉住不放，非要让对方败下阵来不可。毕竟，许多事情都是"公说公有理，婆说婆有理"，没有固定和统一的价值判断标准可言。如果一味地抓住别人的小辫子不放，盛气凌人地兴师问罪，最后可能是你有理，你赢了，但感情却没了，对你的日常交际无疑是"弊大于利"。

所以，"话留三分软"，大度一些，宽容一些，与人方便就是与己方便，给他人一个台阶下，也给自己留有余地，兴许以后你会收获更加纯真的友谊。

第三章

语言分寸感：
别让口无遮拦毁了你

注意尊重别人，把握说话的分寸

与人相处，会说话是一门艺术，特别是交谈时一定要做到不该说的话不要说。毕竟每个人都是有自尊心的，都希望受到别人的尊重，都不愿意有人触及他们的缺点和难堪的事，这也是一般人都具有的心理。因此，在交谈中，一定要注意尊重别人，把握说话的分寸。

茉莉性格开朗，说话时向来无所顾忌。一次，她和公司的一个男同事共同负责一个项目。在工作的过程中，男同事的能力明显不如茉莉，因此延后了项目完成的时间。茉莉为此没少埋怨这个拖后腿的同事，不仅私下和好姐妹们聊天时大倒苦水，在公司也几次和同事们抱怨："这种能力低的人怎么能进我们公司！谁把他招过来的啊？真没眼光！"同事听了，都不知道该接什么话，只好悻悻而去。后来，茉莉被莫名其妙地辞退了。

伤心不已的茉莉后来才知道，那个拖后腿的男同事是总经理的一个亲戚，茉莉的口无遮拦无意中得罪了总经理，她自然不得不重新去找工作。

俗语说："金无足赤，人无完人。"人都会或多或少地有一些不尽如人意的小毛病，特别是在说话上。在与他人交往的过程中，我们都希望自己能做个举止得当、言语得体的"发光体"。语言是人际交往的重要工具，说话要把握一个相应的尺度，更要讲究方式方法。如果没有领悟对方的意图就不要随意开口，不能带着情绪指责别人，甚至拆别人的台，毕竟人人都有自尊和容忍的底线，更不能无事生非、没话找话，那样只会适得其反，甚至弄巧成拙让事情变得更加糟糕。如果你是个细心的人，就不难发现，生活中发生的很多口角多是因为说话没有把握好尺度引起的。

燕燕是一家外企的员工。刚进公司时，大家都觉得她聪明伶俐，工作能力也非常强，所以很多人都喜欢她。但是，相处时间长了，大家才发现她在与同事的接触中很骄傲，说话也不注意分寸，总爱揭别人的短。

有一次，公司的同事安安买了件新衣服。午休时间，大家聚在一起聊天时纷纷称赞安安的新衣服既漂亮又合身。谁知燕燕却直冲冲地说了句："这衣服是挺漂亮的，但是你穿一点都不适合，你太胖了。这衣服适合那些身材高挑的人穿，那样才能显出衣服独特的气质。"

听了这些话，安安的脸立刻涨得通红，显然是生气了，其他同事也相当尴尬，很快就借口走开了。其实，燕燕说的话也并不是不对，安安的身材确实有些"丰满"，穿上那件衣服是有些不太合身，但是也别有一番韵味，她这样一说让大家都感到非常难堪。

可是燕燕自己却浑然不觉，她总觉得自己很有品位，哪知道其实是人家不愿意和她计较而已。她依然会说些不知分寸的话，以此嘲弄别人，显得自己很聪明。久而久之，同事们都把她排除在集体之外，很少有人主动跟她聊天了。燕燕不知道为什么会变成这样子，其实她是在为自己说话没分寸而埋单。

其实燕燕的本意是想和同事拉近关系，可是她说话太不注意分寸了，总是直言直语，不加修饰，不顾及他人的感受。显然，说话不注意分寸会直接影响一个人的人际关系。

同事小王从不把自己当外人，总是用小李的卫生纸，他自己几乎从来没有买过。刚开始小李觉得没什么，毕竟卫生纸也花不了几个钱。可是小王越来越得寸进尺，卫生纸用得很浪费，害得小李几天就要买一次。

小李终于无法忍受了，借着聊天的机会对小王说："小王，你这几天是不是吃坏肚子了？要不要我陪你去医院啊？我看这卫生纸噌噌噌地被用完，买卫生纸的钱也够你买一盒药了。"

小王笑着说："不用，不用，我自己去就行。"

自从被小李"关怀"之后，小王收敛了许多。

小李通过这种巧妙的说话技巧让小王明白了他的真正意图。小李的做法值得称道，他在不该说某些话的时候管住了自己的嘴，做到了不该说的没有说。如果小李直接对小王说："你也太不像话了，用了我那么多卫生纸。"小王肯定脸面上挂不住，甚至可能会与小李反目成仇。

与人交谈时，哪怕是最要好的朋友，说话也要注意分寸，绝对不要想说什么就说什么。如果你在对方面前说得太"放肆"，虽然在你看来没有问题，但对方可不这样认为，一旦你的话让他听着不舒服，就可能使交谈无法进行，更有甚者会当场与你翻脸，将好端端的交谈变成争吵或不欢而散。

慎说"砸锅话"，别让自己陷入两难的境地

和别人聊天，我们经常会听别人说："谁谁谁老爱说'砸锅'的话，我可烦他了！"那么，何为"砸锅话"？为什么大家都不愿听到这样的话呢？

"砸锅"又称"砸饭碗"，常常被人们用来比喻做事失败。"砸锅话"就是用来比喻那些导致事情失败的话语，跟"拆台话"是同一个意思。

一般"砸锅话"都是由于当事人说话方式不恰当而引起他人误解或者产生歧义，进而导致好事变坏事，或者好心办坏事的情况。

毛凯所在的公司是业内知名的广告公司，他是一位资深的平面设计师。跟他一起工作的还有大兵、小静和刚来的小伙子小林。

一次，一位客户想让毛凯把自己在别处设计的图片按照现在的要求合成在一起。由于客户带来的原始图片都是固定比例的，没法编辑，而这些图片跟他现在的要求又相差甚远，想要放在一起的话就需要重新设计，处理起来非常麻烦，成本自然就高。而在客户的话里，毛凯又听出客户并不想出设计费的意图。权衡之下，为了不直接得罪客户，毛凯只得说："这样的图片我们这里没有分层的大图，做不了。"

本来客户已经打算听从毛凯的建议采用另一种方法了，没想到

坐在他旁边的小林突然插一句："凯哥，这样的图片咱们能做啊，上次我不还见你电脑里有这个？"

听了小林的话，客户自然就以为毛凯是故意找借口想恶意加价，气愤地摔门离开了，搞得毛凯非常难堪。

还有一次，有个客户想要做个二维码的标牌，给客户做二维码的话一般都是用厚度300克的铜版纸。但是不巧那天做二维码的铜版纸没有了，客户又急着用。毛凯就想着彩喷纸效果也是一样的，无非是稍微薄一点，于是就打算用彩喷纸代替铜版纸。

由于小林坐的位置离彩喷纸比较近，毛凯就让小林帮忙拿一下空白彩喷纸。小林一边把彩喷纸递给毛凯，一边说："喷纸打印二维码不薄吗？"搞得毛凯非常尴尬，好像他在以次充好一样。幸亏毛凯及时向客户解释，才避免误解。

因为小林经常无意间说一些"砸锅话"令跟他合作的同事下不来台，大家都不愿意跟他搭班干工作，慢慢地小林就成了孤家寡人。

其实，说"砸锅话"的人一般都是无意的，大多是由于说话方式不正确，或者是在还没有真正了解事情的真相时就着急说话。

像文中这个"多嘴"的小林就属于无意的那种。这种人本身并无恶意，甚至可以说是"好心提醒"。但他却不知道自己的"好心提醒"让身边的同事陷入了两难的境地。

人向来都不喜欢"不请自来"的提醒，即使这种提醒是对的。因为每个人说话都有自己的立场跟观点，在你这里是对的，到了他那里反而就成了错的。

所以，这种经常说"砸锅话"的人需要做的第一件事就是先倾听、不说话或者少说话。不管是对上、对下、对内、对外，想把话说对，得先懂得"听"。只有了解了事情的原委，才能真正理解说话者的意图。要摆正自己的心态，"先说的不一定赢"，说话之前慢三分。

办公室的李薇因为新婚燕尔，正给大家发喜糖，兴奋之余不禁谈起了自己的老公以及他们的蜜月之行。

"我们一起去了夏威夷玩，玩得非常开心，并且见到了大明星×××。她本人真的比电视上还漂亮！"

"我老公特别宠我，早晨起来牙膏都给我挤好，早饭也让服务员端到房间里了。而且老公真的什么都懂，什么都有经验。我们去得比较急嘛，我还担心订不上酒店，害怕自己住不惯酒店。没想到老公找的酒店那么舒服，我仿佛成了一位公主……"李薇兴奋得忘乎所以。

"他经验这么丰富，对你照顾得这么周到，之前肯定照顾过很多女孩子吧！"一位小伙子开玩笑地说。

此话一出口，空气瞬间凝固了，大家都不知道接下来该怎么聊了，李薇的脸上也是红一阵白一阵的，甚是难看。

公共场合，"砸锅话"要不得！试想，觥筹交错间，大家都在夸奖女主人的衣服漂亮得体，有气质。你突然来了句"裙子好长啊"，是不是让大家都非常尴尬。因为如果你说的是实话，那么别人就都成了说假话的马屁精。即使你说的是事实，也会让主人觉得很没面子。你的一句"大实话"不要紧，把宾客和主人都得罪了。

再比如，有人办喜事时，大家都其乐融融地讲一些积极向上、轻松愉悦的话题。你来了就跟大家说"哪儿哪儿风水不好""谁家死人了"，是不是特别晦气？

可见，任何与当时环境，或特定说话者的意图不符的，我们都可以称之为"砸锅话"。不管是真话、假话、玩笑话、空穴来风的话，还是有事实依据的话，都不能说。

关键时刻别自作聪明地做捅破最后那层窗户纸的人，有时候"随大流"也不失为一种说话的智慧。大家都说"好"的时候你也说"好"；大家都说"坏"的时候你也说"坏"；大家都看破而不说破，你也适可而止地住嘴吧。没准说话的人就是要保持自己的神秘感，想让听的人"自个儿悟去呢"。

找准沟通切入点，从恰当的话题开始

我们常常会碰见一些这样的人，他们自身好似散发着一种神奇的魔力，让大家不自觉地就想接近。他们的容貌也许并不出众，但一开口就能让你不自觉地对他敞开心扉，有些人会把他们当作知心朋友，甚至视为知己，与他们交流一些专业领域的意见……总之，很多人都对他们有一种一见如故、相见恨晚的感觉。

相信在有很多陌生人的场合，每个人都希望自己能够左右逢源，与对方有一见如故之感，但现实往往是，别人在那儿侃侃而谈，自己却在角落里无所事事。这时候，相信谁都会纳闷：为什么就自己跟别人聊不到一块儿呢？

其实，侃侃而谈并非难事，只要你懂得从恰当的话题开始说起就行。与人交谈，你的话能否给对方留下深刻的印象是非常重要的。试想：你与人聊天时，如果对方聊的都是你不感兴趣的话题，你会想跟他继续聊下去吗？恐怕不会吧。

电影《冰雪女王3》上映的时候，小敏特别开心，在办公室问："下班谁跟我一起去看电影？"

阿飞问："最近有什么好电影上映吗？"

小敏连声说："有呀，有呀，《冰雪女王3》上映了。前两部超好看的，我非常期待这一部。"办公室里几个女同事也附和说，这部电影的前两部确实很好看，她们几个人打算下班后买票一起看。

阿飞听大家都说这部电影口碑好，小声嘀咕道："什么好电影呀，我以前怎么没听说过。"说着，他上网搜了一下，这才知道原来是一部动画片。他诧异地说，"天哪，你们都多大的人了，还看这种动画片？幼不幼稚啊！"

原先欢快的气氛一扫而空，几个女同事的脸色瞬间就不太好看了。一个同事打圆场说："这种电影老少皆宜，都可以看的。"

阿飞却没完没了地继续吐槽："你们女人真有意思，去电影院不看动作大片，反而看动画片，真是有钱烧的，这种电影在手机上看看就行了。"

几个女同事撇撇嘴都不言语了。但从那以后，她们对阿飞的态度都冷冰冰的。

你的身边是否也有一些这样的人？

你戴着新买的项链，他瞟了几眼就开始刨根问底："多少钱买的呀？""哎呀，一千多可以买条金的啦，你怎么还买彩金的呀？你太傻了，买亏了！"

你换了一个新包，他说："哎哟，你怎么又换包包啦？一看就知道不便宜，你这个月的工资都花在这上了吧？"

总之，他们的一张嘴就是负能量的源头，他们的话题永远围绕着他们自己，似乎你不按照他们的思维模式生活，你的人生就糟糕得一塌糊涂。

很多时候，我们认为这些人说话刺耳并不是出于恶意，只是直言不讳。但是这种充满负能量的话听一次两次没关系，三次四次就会让人心生反感。时间长了，即使对方不是有意为之，我们也会不自觉地疏远他——谁也不愿意整天和一个说话带刺的人在一起。

其实，要想实现有效沟通就得先让对方觉得舒服。说话不仅是一种能力，也是一种修养。那么，如何让自己成为受人尊敬和被欢迎的人呢？

有人做过一个比喻：人的社交圈是以自己为圆心，以年龄、爱好、经历、知识等为半径而构成的无数个同心圆。所以，你与他人的共同点越多，交叉面积越大，就越容易引起共鸣。

为此，在与他人沟通交流时，找到合适的切入点至关重要——切入得好，一切都会水到渠成；切入得不好，可能会因此产生隔阂。

其实，每个人的心里都有一个柔软而温暖的角落，那里住着自己最亲近的人。一旦他发现你也在关心他所关心的人，他就会对你产生一种亲近感。

所以，你在说话时不妨利用一下人们的这种心理倾向，以对方最关心的人作为切入点，拉近彼此的关系。

李莉莉的老公是一个红酒销售经理。因为业务的原因，李莉莉经常会跟老公一起参加应酬。一次，李莉莉陪老公一起参加了一个公司举办的聚餐。由于彼此都不熟悉，李莉莉和他们互相寒暄了几句客套话后觉得实在无聊，就拿着手机跑到沙发的一角看起了微博。

"你也是因为无聊才躲到这里来的吗？"一位穿着打扮端庄、大气，跟自己年龄差不多的女士笑着跟李莉莉打招呼。

"嗯，你也是吗？我们还真是'同是天涯沦落人'啊！"李莉莉半开玩笑地说。

"你平时爱玩微博吗？"女人不经意间瞟了一眼李莉莉的手机。

"嗯，是的，我喜欢看一些没有压力的娱乐八卦，偶尔关注一下自己喜欢的明星。"李莉莉回答道。

"真的吗？太巧了，我也喜欢这些。老公总是说我长不大，老跟那些小姑娘凑热闹，不过我就是喜欢他们呀，你看看胡歌，真是越老越有魅力了呢！"那位女士像找到了"知音"似的，惊奇地说。

"你喜欢胡歌吗？我也好喜欢他，他是我的偶像。"李莉莉像发现了新大陆，异常激动。

"嗯，我是胡歌的'铁粉'。而且我觉得现在的胡歌比年轻的时候更令人着迷。"女人高兴地抒发着自己的见解。

"我们两个人的想法真的是一模一样。以前我对他感觉一般般，最近我觉得他的眼神里充满了人生的沉淀！"李莉莉边说边和她互加了微信好友。

就这样，两个初次见面的人越聊越开心，越聊话越多，仿佛是久未见面的老朋友……

由此可见，和别人聊天时谈论两个人都关注和喜欢的话题是多么重要。所谓"相见恨晚"也不外乎就是像她们这样的情形吧。

社会就像一个缤纷绚烂的万花筒，你总会遇到不同的人。有的人锋芒毕露，有的人腼腆内敛，不过没关系，这并不影响你与人沟通交流——只要你能找到共性，勾起对方的"兴趣点"，那么不管对方是谁，都会对你产生亲近感。

命令式的语言，让你的人际关系更糟

当我们请求别人去做一件事的时候，无论他的身份、角色、职位是什么，都不该用命令的语气，摆出一副颐指气使的样子。若是如此，你的人际关系一定会变得很糟糕。

张亮在公司当了一个小领导，说话总是喜欢用命令的口吻。记得有一次，他请另一个朋友帮忙，鉴于彼此关系很熟，说话也不客气，他直接用命令的语气吩咐朋友去做。朋友听了之后，虽然嘴上勉强应承了下来，心里却很不是滋味，暗自嘀咕道："就算是朋友，也不该这么不客气吧？我又不欠你什么，帮你做事却连一句好话都讨不到，难道我就活该听你使唤？"

朋友心中怒火难消，就一直拖着不给他办事，结果耽误了时日，没办成。因为误了事，张亮心里很不舒服，埋怨朋友忘性大、不靠谱。此时，朋友对他已经无话可说，觉得他从来就不知道尊重人，不宜深交。渐渐地，朋友就疏远了张亮。久而久之，两个人还闹起了矛盾，最后竟成了陌路。

尊重别人，不管对方是谁。如果你希望他能按照你的意愿做事，就多提建议，而不是命令。在这方面，很多人存在的困难是：对待长辈、上级可能比较容易做到；可是对待晚辈、下属，或是自己的老婆孩子时就很难做到。他们认为命令更直接、更明确，没有必要与他们客套。所以我们常常听到大人冲着孩子大喊大叫："今天晚上八点前必须写完作业！""把你的房间整理好！"

可以想象，这类人在家庭生活中指手画脚，然而他的家庭却常常一团糟，他往往感到：孩子们都不听话，真是太气人啦。与其出力又受气，不如多动动脑子，学学如何改变自己的作风，把命令的口气变成提建议。

王梅梅是一所职业学校的老师。有一次，她发现学校门口停着一辆车，正好堵住了道路。她怒气冲冲地冲进教室就大声而严厉地呵斥："谁的车停在门口了？"

"是我的，老师。"一位学生回答说。

"马上开走！否则我叫警察给你拖走！"

王梅梅强硬的态度让学生心里很不舒服。从那以后，不仅这位学生，整个班的同学都开始厌烦她。上她的课的时候，学生们总是看别的科目的资料。

其实王梅梅完全可以不得罪人地把这件事情处理得很好，如果她换一种语气：大家注意了，门口有辆车堵住了道路，是谁的？请换个停车的地方吧。这样的语气和内容就很容易被人接受了。

把命令变成建议，效果就是这么明显。究其原因，命令往往是严厉的、呆板的，容易让人产生对立情绪。人人渴望独立，人人都有自尊心，尤其是年轻人、关系密切的人，平时不怎么注意呵护他的自尊心，这时再以命令的语气去要求他，必然会产生强烈的刺激。

所以我们应该特别注意：不要以为亲近就可以为所欲为，事实恰恰相反，越是亲密的人，对他讲话的语气越应该留神。当你需要他完成某件事时，用商量的口气建议他怎么做，会让他心甘情愿地去实施。

很多人都有这样的经验：有些人天生是刺头，在公司里很难被管教，可他们偏偏对某位领导言听计从。这其中固然有很多原因，但是最关键的很可能是这位领导采取了建议的方法。

安迪是一个很会沟通的人。在检查工作的时候，即便是发现了员工工作中的失误，她也总是把选择的权力交给当事人。比如有一次，她在审验员工做的一份季度生产报告的时候发现了一些问题，但是她并没有明确地指出这个地方错了，而是把员工悄悄叫过来，告诉他说："你看这个地方，如果换成另外一种方式，是不是效果会不同？"

一般这样的建议性意见员工都会接受，并认真地考虑。安迪很少把自己的意见强加于人，而是善于以提醒的态度，让员工自己去发现工作中的疏漏。员工们既做出了成绩，又会感激她的提醒。

建议，让对方感受到充分的尊重，使他产生受重视的感觉，他就会希望与你合作，而不是想方设法地反对你。用建议而不用命令，是帮助一个人改错的良方。

有人说过："用建议来替代指使，可以令人信服；用请求替代指使，可以令人高兴地执行；用商量替代指使，会有人主动请缨；用赞美替代指使，对方会用行动证明你是对的。"既然有这么多的方式可以让你达到预期的目的，为何偏偏要强硬地命令别人呢？为人处世的基本原则，就是懂得尊重别人，你敬人一尺，别人自会敬你一丈。

回绝时讲究分寸，话不能说得太死

每个人都有自尊，很多时候我们都会为了照顾别人的心情而不愿说出自己的真实想法，结果使自己陷入了进退两难的境地。给别人留情面固然重要，但是在照顾别人的同时也不能委屈了自己。

《三国演义》中有个十分有才华的人叫华歆，他曾经在吴国孙策手下任职。后来，孙权接替了孙策，但是孙权并无太大的抱负，只想偏安江东。与此同时，北方的曹操却挟天子以令诸侯，在积极招揽天下英才，华歆便是曹操盛情邀请的人才之一。

华歆决定去投奔曹操，他的朋友、同僚听说后纷纷带着厚重的礼物登门拜别。这些人总共有一千多，仅馈赠的黄金就有数百两之多。

华歆不想接受这些礼物，因为无功不受禄，但他又不好当面拒绝，让人觉得自己不近人情。于是，他将礼物全收下了。

正式出发的日子到了，华歆家里热闹非凡，亲朋好友都来送行了。

华歆隆重地设宴款待大家，等到酒宴接近尾声的时候，他对所有客人说："我本来不想拒绝大家的好意，却没想到竟然收到了这么多礼物。可是，考虑到我这次单车远行，带着这么多贵重物品上路恐怕太危险了。所以，各位的好意我心领了，礼物还是请大家各自带回去吧。"

众人听后知道华歆顾全了大家的尊严，只好将礼物带回，并且颂扬了华歆的高尚美德。

华歆一开始为了顾全亲友的情面接受了亲友的礼物，后来又当众含蓄地退回了礼物。大家不但没有责怪他，反而都对他敬佩有加，这就是拒绝的艺术。

我们在沟通中要注意拒绝的态度，既不能支支吾吾、躲躲闪闪，又要在拒绝对方的同时给他留出足够的尊严。

如果想要拒绝对方，也不能把话说死，类似这样的话不要说："我们绝对不会跟你们合作。""我们要是跟你们这样的公司合作，那太阳都从西边出来了。"因为，把话说死，轻则让自己尴尬，重则让公司错失良机，蒙受损失。

所以，你要委婉地拒绝对方，比如："要不这样吧，你们把资料和联系方式留下，有消息我们及时通知您。""我们需要一点时间考虑一下，有结果我们会第一时间通知您。"

一家服装公司新设计了一批冬装款式，因为时髦且精致，一上市就被抢购一空。因此，公司决定赶快再购买一批原材料进行生产。这个消息不胫而走，很快就有一些毛纺厂的销售员来到公司，洽谈业务合作。

公司立即派出采购科的业务员李桐对接。在洽谈过程中，李桐了解到，有一家毛纺厂最近不是很景气，就连老客户也纷纷离他们而去。

李桐想：跟这样的毛纺厂能合作吗？于是，他对毛纺厂业务员说："您可能要白跑一趟了，因为我们已经跟另一家毛纺厂签合同了。"

毛纺厂业务员见多识广，知道这是李桐的推诿之词，便试图打消他的顾虑："我们厂以前在业界很有名，后来因为卷入一起经济纠纷中导致信誉受损。其实，我们还是有实力的，而且我们的材料绝对有保障。不信你看看，我特地带了一些材料来。"

毛纺厂业务员从背包里掏出几块上好的材料来。李桐看后，发现原料确实是上乘的，但还是觉得这家毛纺厂不够可靠，况且还有几家不错的毛纺厂可供选择，所以不必去冒险。

于是，李桐很不耐烦地说："你也别费劲了，就算你们的原料是最好的，做工是最精细的，我们也绝对不会跟你们合作。"

毛纺厂业务员很无奈，但他还是做了最后一次努力，递给李桐一份关于他们厂的详细资料，还有他自己策划的合作方案，然后微笑着说："既然这样，我也不勉强了。我把这份资料留下，如果你们看后改变了主意，请跟我联系。"

李桐没再说什么，接过对方的资料就随手扔在了会议室。

不料，这份资料后来被经理看到了，他立即向李桐询问情况，李桐大致地说了那家毛纺厂现在的处境，并且以为经理会同意自己的做法。谁知经理却说："不用再跟其他毛纺厂谈了，就这家了。"

李桐只好硬着头皮联系那位毛纺厂业务员："不知道你有没有空，方便的话，我们再谈谈合作的事。"

毛纺厂业务员反问："你不是说绝不会跟我们合作吗？"

这让李桐有点尴尬，他很不好意思地说："抱歉，我把话说得太死了，差点错过了你们这么好的合作伙伴。"

可见，在沟通中不能把话说死，那样很可能是"搬起石头砸自己的脚"。商海的形势瞬息万变，你永远不知道下一秒会发生什么。况且，人难免会有失误的时候，谁都不能保证自己永远正确。所以，为了避免自己陷于被动位置，不妨把话说得委婉一些。进退自如才是沟通中的明智之选。

从对方的角度思考，交谈才不会陷入僵局

众所周知，如果想让对方成为自己的朋友，那么你就要从对方的角度来思考问题，看对方希望交到什么样的朋友。也就是说你只有做到想人之所想，急人之所急，才能交到真正的朋友。

在一次谈判课堂上，讲师给学员出了一道题目，要求学员和全班同学谈判，让每个人自愿走出教室。

第一位学员走上讲台，对全班的同学大喊道："我代表老师命令所有人都离开这个教室，马上！"结果，全班没有一个人走出教室。

第二位学员走上讲台，对大家说："现在我要开始打扫教室了，不想被弄脏的同学请离开！"结果一部分人离开了教室，还有一部分人仍然留在教室内。

第三位学员想了想，走上讲台，没有说一句话，而是工整地在黑板上写道："各位同学，午餐时间到了，现在下课。"结果同学们争先恐后地向食堂跑去，很快教室里就空无一人了。

第一个学员想通过权威来命令别人，结果以失败告终；第二个学员想通过威胁来说服别人，结果只成功了一半；第三个学员懂得避实就虚，从同学们的心理着手，终于成功地把所有人都"请"出了教室。

在与人沟通或者试图去说服别人时，如果双方都能换位思考那是最好的。可是一般情况下，彼此都只会为自己着想，会想着"对方应该怎么做"，而不是"自己应该怎么做"。如果双方都这么坚持，交谈必然会陷入僵局。这时候，假如有一方能说类似"其实你说的也很有道理……"这样的话，那么僵局可能就会轻而易举地被打破。

美国著名人际关系学大师戴尔·卡耐基经常租用纽约一家餐厅的舞厅来举办几天的讲座。时间久了，餐厅觉得这是个挣钱的好机会，就提出要把租金提高两倍。那段时间讲座的票已经全部卖完，换地方不可能，改时间也不现实，但突然就要多付两倍的租金，戴尔·卡耐基自然也不愿意。于是，他找到饭店的经理进行了一次谈判。

戴尔·卡耐基说："我刚听说你们想把场地的租金提高两倍，听到这个消息我感到非常震惊。不过我理解你的做法，你的职责就是要让餐厅的利益最大化。不过，我是否可以和你借一张纸，我们来算一下，如果把场地租金提高两倍，它会给餐厅带来哪些好处，又会有哪些坏处。"

餐厅经理取过来一张纸，戴尔·卡耐基在这张纸的中间画了一条线，在线的左边写了一个"利"字，在线的右边写了一个"弊"字。然后，在利这一边写下了"舞厅，提供租用"，接着对经理说道："若是这个舞厅是空闲状态，把它作为舞会或者会议使用，租金是要比我的讲座高很多。这对饭店来说，肯定是非常有利的。

"接着，我们再来看一看它的弊端。如果你真的要提高两倍的价格，我肯定负担不起这笔费用，只能另找地方举办讲座了。那么最明显的弊端就是你这段时间无法从我这里获得租金，而你临时想要找到这么多天连续租用你场地的顾客也不太容易。

"其次，这对饭店还有另一个弊端。因为我的讲座来的都是有知识、有文化的人。这些人的到来对于饭店来说本身就是一个很好的宣传，而且这个宣传还是免费的。你即便在报纸上花大价钱做宣传效果也不一定会比我的讲座来得好。这对于你们而言，不是一笔更大的财富吗？"

戴尔·卡耐基写下了这一利两弊后，把纸折好交给了经理，说道："希望你能认真地考虑一下，然后告诉我你最后的答案。"第二天，卡耐基就收到了饭店经理的回复，答应把租金只提高一倍，而非原来的两倍。

从戴尔·卡耐基的这个案例中我们可以看出，卡耐基在和饭店经理沟通时一句也没有说如果场地租金提高对自己有什么损失，而是一直站在对方的立场上，算着租金提高两倍后对饭店的损失。最后，经理也从中看到了利弊，答应降低要求。而卡耐基虽然没有达到还按原价来租用场地的目的，但也接受了提高一倍的要求，而不是坚持一点也不肯提高。这就是让双方都得到了利益，也就是最理想的结果。

可见，要想有效实现共赢，就应适当站在对方的立场上去思考问题和讲话，进而促成谈判。千万不可过于贪心，完全置对方的利益于不顾，言辞之间都只顾着自己的利益。

要想赢得一个客户，就更要想他之所想，弄清楚他真正想要的是什么。若是需要服务，我们就给予其最好的服务；若是想要低廉的价格，我们就拿出最大的诚意来表示自己的合作意向。只有在了解了对方的想法之后，我们才能做出更好的回应。要想做成生意，就要尽量从对方的角度出发，让对方体会到我们为其考虑的苦心和诚意。即便仍有些不尽如人意的地方，他们也会因为我们真诚的态度最终与我们达成协议。

总之，能从对方的角度考虑问题，就能更好地满足对方的要求，从而达到我们的目标，实现共赢。

沟通最忌讳争辩，赢了辩论输了朋友

在交际中，如果你想要建立良好的人际关系，就要时刻注意自己说话的语气。跟对方交流时，不在一些小事上争论不休是高情商人的共识。

每个人的出生背景不同，生活经历不同，思想也就不一样。每个人都有自己的观点，我们不可能让大家都想得跟自己一样，因此，应该抱着宽容的心去接受更多不同的意见。

有些人情商高，他们从不与人争执，即便大家的思想不一样，他们也可以做到尊重对方。但是有些人情商就比较低，而且爱认死理，总想跟对方一争高下——事实上，这种争执毫无意义。

如果你跟朋友为一个并非涉及原则性的问题一争高下，那么你最终能得到什么？不过是朋友之间伤了和气罢了。也许你是为了逞一时口舌之快，但你要问问自己，是逞口舌之快重要，还是朋友重要呢？如果因此而失去了朋友，那绝对是不划算的。

王平上大学时学习成绩一直名列前茅，还是学生会干部，因此，他一直觉得自己很优秀，慢慢地就变得骄傲自满起来。但自从他毕业出了校门后，这种情况就改变了。

现在，王平只是一家公司的普通员工，原来在学校里的那些光环都不见了。但他依然心高气傲，不管做什么事都不服管，总觉得自己另有一番道理。作为一个职场新人，他因此吃了不少苦头。

一次，王平跟办公室里的一位老员工因为一个程序处理问题吵了起来。他觉得自己编写的程序是对的，而那位老员工则认为此程序烦琐了些，其实有更简易的写法，而且程序写得越烦琐，以后出故障的可能性就越大。

但是王平觉得那位老员工是在故意刁难他，因为他写的程序本来没有错，就算是写得复杂了点，但同样可以达到效果，干吗非要拿这件事让他当众出丑呢？

于是王平就据理力争，想让自己的研发成果得以应用。在他跟老员工争吵之后，总经理出面让专业人员开始测试，测试后认为他写的程序确实需要修改，因为这关系到整个公司的利益。其实，他心里也明白，程序修改一下会更好，不过是为了面子才不管不顾的。

自此以后，总经理对王平就有了偏见，办公室里的其他人也都跟他疏远了。可见，王平不仅没有争辩过那位老员工，还赔上了自己技术不过硬的坏形象，这就叫"一步走错，满盘皆输"。

于是，王平开始反思自己：尽管自己上大学时是风云人物，但是现在初入职场的自己就像一个刚学会走路的孩子。他开始明白，要想获得好人缘，要时刻保持谦虚谨慎的态度，不要老想着一争高下，适当的恭维也是必要的，毕竟自己还是新人。

想到这里，他就知道自己应该怎么做了。在一次午休的时候，他当着大家的面给那位老员工道了歉，并邀请大家一起去吃自助餐，算是为那天的事赔罪。在他的邀请下，大家都欣然接受了他的好意。

后来，王平跟大家的关系也渐渐好了起来。

从王平的故事里我们可以看出，一个人如果喜欢与人争执，他可能就会被认为是不易相处的人。那么，当他再想与别人建立关系时就比较困难了。所以，大家要记住，无论遇到什么事情都不要急着与人争辩，要先考虑一下自己是否完全正确。如果真是自己错了，就应该听取别人的建议——无休止地争辩下去，那就是无理取闹了。

事实上，即便你真理在握，与人讨论时也该语气平和，趾高气扬只会伤人伤己。当然，如果是迫不得已，你也要选择合适的时机，采取合适的方式来向对方阐述自己的理由。

总之，争辩不会为你带来朋友——相反，你可能会因此失去更多的朋友。

第 四 章

幽默分寸感：
玩笑开过头没人笑得出来

幽默要有尺度，拿捏好其中的分寸

在人际交往的过程中，幽默是一种润滑剂。它对促进人际关系和谐、优化沟通效果有着巨大作用。幽默是两颗甚至更多心灵之间的碰撞，是拥有爱和友谊的催化剂。幽默的人每到一处都会给沉闷的气氛带来一份欢笑和融洽。所以说，如果把生活比作菜肴，那么幽默就是一味给菜肴增加色、香、味的调料。

但是，即使再有味道的调料也不能任意使用，就如同菜里放盐，适当地调入会让菜肴美味可口，但要是放得太多，便会成为一种苦涩。同理，适度的幽默会让生活变得多姿多彩，但要用得过度同样会对别人造成伤害，不仅想要达到的目的实现不了，而且会让事情的发展进一步恶化。

聊天中开玩笑的人大多数都没有恶意，但若不把握好尺度和分寸，也会产生非常不好的后果，正所谓"说者无心，听者有意"。有的时候，即便是称赞他人，也可能不小心冲撞了对方，引起对方的反感，有时甚至还会招来怨恨。所以，运用幽默时掌握一些分寸还是非常有必要的。

律师这个职业是最需要口头表达能力的。只有拥有一副好口才的律师，方能在其岗位上做出一番业绩。虽然我们不能要求律师像一台毫无感情的机器，也不能说律师口中的幽默就是不合时宜，但身为一名律师，在谈话过程中一定要注意，切不可开过分的玩笑，否则吃亏的就是自己。

一位律师总是带着满身的伤痕回家。妻子很纳闷，问："你究竟是律师还是打手？怎么总是这么狼狈？"

律师回答道："别提了，那帮当事人真是太难伺候了，一句话说不对就动拳头揍我。"

妻子奇怪地问："你都说什么了？"

"今天有一个当事人要起诉他的同事。因为那个同事总是在公司里辱骂他的妻子，说他妻子尖嘴猴腮的一看就不是好人，还说她没有进化好，过早地从树上下来生活。我说：'嗯，没问题，可以起诉她侵犯名誉权，让她赔礼道歉、赔偿损失。对了，你带妻子的身份证了吗？我需要一张复印件和委托书。'他很痛快地把东西给了我，结果我随口说的一句话，就挨揍了。"

"你说什么了？"

"我说：'咦，奇怪，现在怎么连猴子也需要办身份证了？'"

无论是谁听到这样的话，哪怕是再有幽默感的人恐怕也笑不出来，动拳头或许都是轻的。

开玩笑，尺寸多少是适合的，跟朋友的距离多远才能达到幽默的长度，都是需要思考的。如果是好朋友，可以拿人们时常讽刺的幽默来开玩笑，可以引起人们的共鸣，换了不熟的朋友，恐怕会被人说不分轻重，不懂分寸。

如果你的附近有女性听众，不要拿皮肤、幸福、人生、婚姻、孩子等话题来开玩笑，因为很容易"说者无心，听者有意"，无意中引起矛盾，或者得罪他人。

刘晓萍是一个快四十的女人了，可是因为先天的原因还没有孩子。一次，孩子已三岁的同事小李在旁边叽叽喳喳地说起了最近听到的一个八卦。

两个女人进了协和医院大厅，其中一个肚子挺大的，是马上要分娩的孕妇。一个护士走过来问道："你是要生了吗？"孕妇回答："是的。"护士例行公事地说："顺产还是剖腹产？"

孕妇眉头一皱："剖腹产吧。"

护士看了孕妇的大肚子一眼："那怎么不住院呢？"孕妇笑着说："没事不着急，床位好像满了。"

好心的护士说："我一会儿帮你问问看有床位没，今天日子不错，八月八日，能生就生了吧。"

小李说完后来了一句总结："旁边的人都觉得这个孕妇心太大了，现在生孩子的都不着急。"

刘晓萍心里一阵不舒服，其实她很希望自己有孩子的，可是老天不帮忙呀。刘晓萍咬了咬牙说："现在生孩子容易，带孩子太辛苦了，好多外婆和奶奶都不愿意带孩子呢。"

小李的脸色一阵红一阵白，原来她自己就是因为没人帮忙带孩子才在家待了好久的。

如果是关系不错的好朋友，可以以两个人常用的相处方式随便说话，按照两人已有的默契说话来保持双方关系的畅通。因为双方都很了解对方，所以要避开对方的"伤疤"进行交谈，这样才能让伤好得更快。

　　但再要好的关系也总有一些底线，对男人来说，老婆是不能被别人随意拿来开玩笑的。同样，即使再好的关系也不能拿对方的不足开玩笑，即使可以开玩笑也不能过多，这样不仅让对方烦躁，还容易让对方觉得你对他有恶意。

讥讽不等于幽默，只会增加对方的愤怒

我们在使用积极正面的幽默词汇来赞美周围的人与事时，就如一句谚语所说的那样——"送人玫瑰，手留余香。"反之，如果在不恰当的场合，或使用了不恰当的讥讽口吻说话，却用"讽刺幽默"来面对周围的人与事时，就会让身边的朋友疏远你。

在这个竞争日益白热化的时代，由于生活、工作中的种种压力，人们越来越渴望用幽默让自己快乐起来。然而很多人却误解了幽默的含义，以致错将讽刺认为是幽默，把自己的欢乐建立在他人的尴尬上。有的人认为自己比别人优秀，因此会在言语中让别人觉得他高人一等，甚至还会在言语中讽刺别人不如自己。对此，即使再谦逊的人，恐怕心里也会愤愤不平。

一位富家少爷去参加一个慈善晚会。晚会上，他看到一位漂亮但身份很平常的女士，就想去请她跳舞。当他邀约后，女士很不好意思地说道："您怎么会喜欢和我这样一个身份平凡的人跳舞呢？"富家少爷想体现一下幽默，于是说道："这不也是一种慈善吗？"

很明显，这位富家少爷的幽默是抬高了自己，贬低了他人，实在是让人难以发笑。当女子听完他的话后，或许会正色对他说："我想我还是不接受您的慈善为好。"

朋友间的友情是需要好好维系的，而婚姻更需要小心呵护。婚姻就好比是珍贵的水晶，美丽且易碎，因此夫妻间更应注意自己的言辞，切勿将幽默变为讽刺，以免让美丽的水晶留下裂痕。

老王平时很喜欢开玩笑捉弄别人。一次，老婆对他说："同事都说我胖得像猪。"老王义愤填膺地说："他们怎么能这么说你呢！总不能因为人家长得像什么，就叫什么吧！这也太侮辱猪了。"老王的老婆听到自己的老公都这么损自己，更加生气，对着老王喊道："我要和你离婚！"

老王的妻子本来是想得到丈夫的安慰，没想到丈夫却直言妻子连猪都不如！要知道，不论是什么样貌的女人都忌讳别人说她不好看，何况还是自己的丈夫。所以，当妻子听到丈夫的这番话后自然会气得想要和他离婚。

有的人的确是无心讽刺对方，但有的人却是真的想通过讽刺对方来达到自己心理上的满足。但有时他们也会"讽刺反被讽刺误"，被对方反讽刺，以致让自己丢了颜面。

有一天，小林刚从朋友家回来，恰巧在街上迎面碰上了两个平时总爱挖苦别人的同事。

随后，他二人很热情地和小林打了个招呼，其中一个拍了一下他的肩膀说："小林，我们刚才正在为你而争论，你说你这个人究竟是更无赖，还是更愚蠢呢？"

小林马上抓住他们两人说："哦，答案就是，我处于这二者之间。"

小林的回答不仅使那两位自以为是的同事没有达到讽刺别人的目的，反倒把他们给绕了进去，被讽了一回。

　　讽刺就是一个哈哈镜，当你面朝它时，就会从镜子里看到自己扭曲的外表，可笑的也只会是自己。所以，我们应该找到一面真实的镜子，弄懂什么才是真正的幽默！

别人的缺点，不是你幽默的佐料

当你把别人的不足视为幽默时，那幽默便从珠宝变为粪土，从鲜花变为垃圾，从优美的旋律变为嘈杂的噪声，而你也将会从他的朋友变为他的敌人。

正所谓"金无足赤，人无完人"，每个人都有缺点和不足。但任何人都不应拿别人的缺点、不足开玩笑，或是以伤害别人为乐趣。

有句话说："当你用微笑面对世界时，那世界也必定会对你微笑。"因此，当你以伤害别人为乐时，那别人也必定不会微笑以对。

小杨天生有口吃。有一次，一位朋友想拿他开玩笑，就对他说："我能让你学鸡叫，所以我问你什么，你就要答什么。"旁人问："那如果小杨不肯学鸡叫呢？"朋友又说："一定能！"随后他抓起一把稻谷问小杨："这是什么呀？"小杨口吃着说："谷，谷，谷。"他笑着说："你看，这不是学鸡叫了吗？"旁人哈哈大笑，小杨却羞得无地自容。

这位朋友故意利用别人口吃来开玩笑，使其受到众人的嘲笑。事后，小杨肯定不会再和这种人做朋友了。不论你是有心还是无意，将这样的"幽默"运用到朋友身上都会使你失去友情，最终成为一个被人嫌恶的人。

人们常说，赞美一个女人的最好方式就是夸奖她的容貌。要知道，女人都是很爱美的，即便她的容貌不美，也不会想从朋友嘴里听到贬低自己容貌的话。

有一次，小李碰到了自己的一个女性朋友。他盯着人家看了半天，女方不好意思地问他在看什么。他故作恍然大悟地回答："通过仔细观察你的脸，我现在终于知道月球表面是什么样了！的确是坑坑洼洼啊！"听完此话，女方气得转身就走了。

小李把朋友的脸比作坑坑洼洼的月球表面，明显是在打击这位朋友，也难怪她会气得转身就走。而小李若想将这份友谊挽救回来，恐怕就不是一句道歉那么简单了。

在我们周围，或许经常能看到一些残疾人，假如我们能像对待正常人一样对待他们，他们就不会因自身的缺陷而感到自卑和痛苦。但偏偏有些人自恃是正常人，抓住别人的缺陷不放，甚至以此来开玩笑。这些人不知道，随意取笑残疾人，只能说明自己是个心理残疾的人。

一个人因小时候生了一场大病，之后便双耳失聪。一天，办公室同事故意拿他的耳聋开玩笑。这位同事和其他同事说道："在当今这个嘈杂的世界里，他是那个最能清静下来的人，他多幸运啊！"

这位同事把别人的残疾看成是一种笑话，这不仅体现了他内心的冷漠，更使得周围的人对他产生了鄙夷的心理。

　　幽默的魅力，就好像一股淡然的芳香，虽然看不到它，但味道却使人心醉。倘若是伤人的"幽默"，那就会让人避之唯恐不及。

幽默也会伤人，尤其涉及隐私

我们拿别人的隐私来开玩笑时，不仅不会使人发笑，有时反而还会让自己受到伤害，甚至陷入危机之中。

谁都有自己的秘密，都有一些藏在心里不愿让人知道的事。所以，当和朋友、同事闲聊时，即使你们感情再好，也不要去触碰别人的伤心处，或是将别人的隐私公布于众，更不能以此当笑料。要知道，当你说出了别人的隐私，你可能是说者无意，但听者却有心啊！这样就会给自己树立一个个潜在的敌人。

一个茶馆的老板和妻子结婚刚刚两个月就生了一个大胖小子，为此邻居们都赶来祝贺。老板一个要好的朋友老吉也来了，他送的礼物是纸和铅笔。老板谢过之后便问："老吉，给这么小的孩子送纸和笔，不是太早了吗？"

老吉说："不会的，您的孩子很性急。本该十个月才出生，但他偏偏两个月就出世了，六个月以后，他肯定能去上学，所以我才提前给你准备了纸和笔。"话刚说完，人们都大笑起来，茶馆老板夫妇则无地自容。

这位朋友调侃别人的隐私已是不对了，何况还选在一个公众场合揭别人的短。或许他是无意间这么做的，但这样随意的调侃很可能会让他失去一个多年的老朋友。

其实像老吉这样的人还有很多，他们总喜欢将调侃别人当成一种乐趣。就许多模范丈夫来说，对妻子服服帖帖本来就是夫妻双方你情我愿的事，但偏偏就有一些无趣的人喜欢将此事当作谈资，完全不顾及别人的面子。

一群人在闲聊。

A：“C能说说你是怎么当丈夫的吗？”

B：“那可真是‘三从四德’啊！”

A：“真的？”

B：“千真万确，所谓三从就是：太太出门跟从；太太命令服从；太太说错盲从。四德（得）则是：太太化妆等得；太太生日记得；太太打骂忍得；太太花钱舍得。”

顿时，C被气得说不出话来。

很明显，B为拼凑一些廉价的笑料，不顾C的面子进行调侃，这无疑是对C的一种伤害。同时这也会显得B缺少教养，对他自己的形象也是一种伤害，只是B暂时还感觉不到这种伤害罢了。

另外，工资也属于个人隐私。因为不同的人干不同的工作，获取工资多少不单是个人能力高低问题，也会有不同的工作价值观在里面。而只以工资多少来看人，只能反映出这个人对工作价值理解的浅薄。

一群人在沙滩上玩乐。这时王某抓起一把沙子，笑着对大家说：“你们看这沙子就像小杨那微薄的工资一样，不管他抓得多么紧，总会从手指缝漏下去，最后就只剩那么一点。"众人听后大笑，而小杨的脸色却十分难看。

王某这种拿别人隐私来幽默的做法很可能会让小杨的自尊心受到伤害。幽默也是会伤人的，尤其是在涉及别人的隐私和缺点时。所以，当我们想幽默一下的时候，一定要注意尺度，拿捏好分寸，千万不能拿别人的隐私开玩笑，不能伤害别人。

搞错幽默对象，必会招致对方的反感

在社交场合里，我们所面对的人是形形色色的，可以说是男女老少都有。正因为如此，他们的兴趣、爱好、文化修养、身份背景等也都会有所不同，假如我们不能根据他们各自的特点说出恰当的话来，那么必定会招致他们的反感，让自己成为一个不受欢迎的人。

懂得幽默技巧的人，会在分清对象的前提下适时说上几句风趣的话活跃气氛。但若选错了幽默的对象，或者在不合适的场合说了出来，那便会适得其反，让人啼笑皆非。

小田去参加某宴会，由于出门晚了就显得有点匆忙。到了宴会上，他急忙找个地方坐下，刚好看见烤乳猪就放在自己面前。他十分高兴，因为这是他最爱吃的东西，于是随口说："我运气真好，竟然能坐在烤乳猪的旁边。"

话刚说完，他就发现有些不对劲，只见身边一个胖胖的女士正对他怒目而视。他知道自己说错话了，赶忙解释道："我不是说你，我是说那只烧好了的。"

不解释还好，这一解释反倒更乱了，那个胖胖的女士当即大怒，和他吵了起来。

这便是说话不看对象所造成的恶果。其实小田的话并没有讽刺、嘲笑胖女士的意思，但胖女士听见了，以为说的是自己，就觉得很不舒服。再加上他又词不达意地解释了一番，更是加深了误会，致使自己在社交场合形象扫地。

当然这不过是一个偶然事件，但却足以让人警醒。在与别人交往的过程中，一定要根据对方的具体情况，选用恰当的幽默来表达出自己的思想，融洽双方的关系。

我们如果能根据所遇到的具体情况来说幽默的话，就能使幽默真正起到人际关系润滑剂的作用。但很多时候，尤其是在和对方初次相见时，我们对对方的背景缺乏了解，常常会不知道说什么话或进行多大程度的幽默才合适，这就需要我们多加注意了。

要知道，有些场合，在陌生人面前缄默不语是非常不礼貌的，但如果不慎说错话、造成不良影响，那就不仅仅是不礼貌的问题了，简直就是天大的错误，日后再想挽回更是难上加难。

难道就没办法了吗？非也。善于幽默的人都知道幽默的一个原则，即与人为善。若不能拿别人来开心，那就拿自己来自嘲，一样能达到活跃气氛的目的。

某小品演员在一次演出中受到广大观众的热烈欢迎。当时情况是这样的：客串主持人是一个台湾来的三流歌星，她两次上台报幕都被观众轰了下来，最后只好请小品演员出场。

对此，这个主持人十分不解，她对小品演员说道："真是没想到，你在这里竟然这么受欢迎！"

小品演员微微一笑说："那是你还不了解，其实像你我这样普通话说得不好的，在这儿都很受欢迎！"

这样一番自嘲的话使得对方听了心里很舒服，且容易接受。但有一点必须说明，演小品的，不说普通话是出于演出的需要，而那位主持人说不好普通话，就另当别论了。

漫画家方成名气大了之后，有人向他求字，他不好拒绝，就谦虚地写："平时只顾作画，不知勤习书法。提笔重似千斤，也来附庸风雅。"之后又有朋友来求字，他又写道："没正经临过帖，动笔歪歪斜斜，横不像横，撇不像撇。谁敢要，我敢写。"同样，他也是根据自己所交往的对象来进行恰如其分地幽默，不仅收到了良好的效果，还展现了自己高雅的情趣与平易近人的性格。

幽默要分场合，否则会起到反效果

民间有谚"见什么人说什么话，到什么山唱什么歌"。幽默也是如此，在什么场合就要讲什么幽默。谈话者要巧妙利用场合与氛围，使谈话的意图、内容与场合气氛协调一致，这样才能易于被大家理解和接受。

适当的时机与场合是影响谈话成功重要因素，我们要在实际情况允许的前提下，让自己的谈话与场合气氛相一致。尤其在约会、洽谈生意等重要的人际交往中，更要优先考虑时间和地点。

某新歌手在一次演唱比赛中夺得冠军。主持人在问他此时此刻有怎样的感受时，他说道："今天我获得了冠军很高兴，因为我赌得了奖金，也赌到了名声。"这个"赌"字一出口，全场一片哗然，嘘声不断。

这种不看场合的说话方式会给人一种粗俗浅陋的感觉，故而这位"新秀"在大家心中的形象也会大打折扣，甚至还会被人质疑他的参赛动机和人品。

由此可见，在公众场合，谈吐一定要注意周围环境，掌握好分寸。

幽默是处理人际关系的一剂良药，得体的幽默不仅能消除误会、化解矛盾，还能让人迅速摆脱困境，避免尴尬。

除了要重视场合，幽默还要善于利用场合并根据当时的整体形势随机应变，以营造出和谐的交流气氛。

在一些严肃的场合，说者一本正经，听者也一本正经就可能会给人一种强烈的压抑感。此时，一个适时的、恰如其分的诙谐则能很好地缓解略显沉闷的气氛。

但要注意不要总以自己为中心，同时要避免让别人感到不快或是备受冷落。要知道，聚会是你的社交，也是别人的社交，因此也要给别人留有表现的机会。

若有德高望重的长辈或领导在场时就必须以他们为中心，假如他们也喜欢幽默，那么你恰到好处地说上几句也不是不可以，但千万注意不要抢了别人的风头，不要喧宾夺主。

开玩笑要有火候，过分了会酿成恶果

开玩笑是我们日常生活中常常遇到的，就像菜肴的调味品那样可以让味道更加丰富。玩笑开得恰当，不仅可以调节气氛、减轻疲劳，还可以拉近与交谈者的距离。当然，一切都得有个"度"，开玩笑也不例外，一定要掌握好"火候"，过头的玩笑不能开，否则将适得其反。

一天夜晚，在外出差的李先生刚回到宾馆便接到好友的电话，没聊几句好友便说："你爱人下午不慎掉进井里，已经被我送进医院，她现在状态良好，身体并无大碍，你就安心在外地出差吧。"

王先生听到后连夜赶回家。推开家门一看，妻子安然无恙，他才知道自己被朋友耍了。于是他打电话质问自己的好友，谁知好友边笑边说："哈哈哈，我只是开个玩笑，你何必当真呢？"

显然，这位好友的玩笑开过头了。朋友之间相互取乐，说话不受约束，是友谊至深的表现，这本是人生的一件乐事。不过，任何事情都具有两面性，因开玩笑过头而导致朋友间不欢而散的事时常发生。

开玩笑也要考虑对方的尊严，如果让对方太难堪也就失去了玩笑的意义。虽然你没有什么恶意，但是当你的玩笑让对方有失面子与尊严时，那绝对不是一个好玩笑！例如，用轻松的口吻取笑同事遭上司训斥，取笑亲戚做生意失败，取笑朋友失恋……本来这是人需要同情与安慰的时刻，虽然你是说者无意，但听者往往有心，认为你是在落井下石。

可见，在与人交谈的过程中，得体的玩笑犹如润滑剂，可以松弛神经，活跃气氛，创造出一种愉悦的交谈氛围。可以说，诙谐幽默的人更受人欢迎，那在与人沟通过程中，该如何把握好开玩笑的"度"呢？

1. 开玩笑的内容要高雅

开玩笑是一门学问，简单地说就是利用幽默的语言，有技巧地与他人进行思想和情感上的交流。内容健康、格调高雅的玩笑，不但可以启迪对方，还可以给对方带来精神上的享受，也能够塑造自己的良好形象。如果开玩笑时说的是污言秽语，不仅使语言环境变得乌烟瘴气，对于听者而言也是一种侮辱，至少是一种不尊重，同时也说明开玩笑者自身情趣低俗、文化修养不高。

2. 开玩笑时态度要友善

开玩笑应该是在一种相对轻松的环境下进行的，与人为善是开玩笑的基本原则。开玩笑的过程也是情感相互交流的过程。如果借着开玩笑对别人冷嘲热讽，发泄内心的厌恶、不满的情绪，甚至拿取笑他人寻开心，也许那些被你嘲笑的人不如你伶牙俐齿，表面上你占了上风，但其他的人则会认为你不尊重他人，从而不愿与你交往。这样，你将失去很多朋友。

3. 开玩笑时要区分对象

人的身份、性格、心情不同，对玩笑的承受能力也不同。同样一个玩笑，能对甲开，不一定能对乙开。一般来说，晚辈不宜在长辈面前开玩笑，下级不宜同上级开玩笑，异性之间不宜开玩笑。

在同辈人之间开玩笑，则要掌握对方的性格特征与情绪。对方性格外向，能宽容忍耐，玩笑尺度稍微大一点也没关系；对方性格内向，喜欢琢磨言外之意，开玩笑就应慎重。尽管对方平时生性开朗，如果恰好碰上不愉快或伤心事，也不应随便与之开玩笑；相反，对方虽然性格内向，但正好喜事临门，此时跟他开个玩笑，效果会出乎意料的好。

4. 开玩笑时要分清场合

在开玩笑时一定要分清场合，一般来说，严肃静谧的场合，言谈要庄重，不能开玩笑。而在喜庆活泼的场合，所开的玩笑应该能够烘托出一种喜悦的气氛。

针对不同的职业，运用不同的幽默技巧

不同的职业需要运用不同的幽默，这样效果才会好。不同的职业所接触的职业对象有很大区别，比如教师的职业对象是学生，医生的职业对象是患者，汽车售票员的职业对象是乘客……职业性质不同，职业对象也不同，这就决定了幽默的特色与分量必然不同。

现场示范性教育是很多家长在教育孩子时经常采用的一种形式。因为这种形式能够让孩子对所学事物有最直观的感受，从而快速、准确地领悟所学内容。

一个孩子在学校学了两个词语——气愤和哭笑不得。但是他不得其解，于是回家问父亲这两个词是什么意思。

父亲想了一会儿，把孩子叫到身边，说现在给他解释什么叫"气愤"，什么叫"哭笑不得"。

父亲拨通了一个电话号码，拿起电话说道："你好，请问张伟在吗？"

"不好意思，你打错了，这里没有叫张伟的。"说着，对方挂断了电话。

只见父亲又拨通了这个电话，说道："你好，请问张伟在吗？"

"这里没有叫张伟的！"从电话里很清楚地听到对方的愤怒，说完"啪"地把电话挂断了。

父亲转身对孩子说，对方现在就很气愤。

"那什么叫'哭笑不得'呢？"孩子问道。

父亲于是又拿起了电话，拨通了刚才那个号码。

"喂！"对方的声音里依然能听得出气愤。

但父亲心平气和地说道："你好，我是张伟。请问刚才谁说打电话找我来着？"

……

对方久久没有回复，父亲挂断了电话，对身边的孩子说，对方现在就是"哭笑不得"。

医生也能使用幽默，尤其是对那些比较麻烦的患者。

有一个医生在凌晨三点钟接到了自己的患者打来的电话，对方说："我并不想打扰您，可是我得了严重的失眠症。"

"那你想怎么样？"医生幽默地问，"难道是要传染给我吗？"

显然这位医生的幽默也带有职业色彩，他使用了"传染"这个医学用语来表达自己的无奈。

公共汽车售票员经常会遇到各种难题，他们在应对时需要温和、周到。

在一个雨天，有位女子带着一条腿上沾满污泥的狗上了公共汽车，她坐下后就问售票员："假如我给这条狗也买一张票，它是否能跟其他乘客一样有个座位？"

售票员很客气地说："当然可以，太太。不过您的狗也必须和其他乘客一样，不能把脚放在椅子上。"

这位售票员委婉地拒绝了乘客的无理要求，幽默而又不失分寸。

同样，售货员若能运用幽默来应对微妙的事情就能够销售出更多的东西。

有一位售货员性格活泼，他会这样给顾客介绍电动剃须刀："三个月内马达不动了来找我，当然没电池可不行。这电动剃须刀是男女老少的必备用品。哦，婴儿暂时不可用。"他教人用法时说，"胡子少的人可以每天一次，每次一片；胡子多的人就每天两次，每次两片，一定用白开水送服。"

这位售货员一会儿谈到马达，一会儿又说起吃药，这是一种在销售中培养的有意错置的荒唐幽默法。

还有一个浴室服务员，为人诙谐，喜欢用幽默来应对棘手的工作问题。每逢周末人较多时，他就说："星期礼拜，团结友爱，互相照顾，动作要快。"有时候他会说，"洗完的朋友快穿衣服了，外面有商品在打折促销，不买就没有了！"

这位服务员爱说顺口溜，也爱使用夸张幽默法，却都很符合他的职业性质。

在商业交往中，幽默也非常重要，它能使卖家与顾客的关系更为密切。

菜市场里有个幽默的小伙子，他经营了个小小的肉摊，有很多顾客喜欢来光顾，原因就是他非常讨顾客喜欢。比如当他看到中老年顾客时就装作没看清："您好，小伙子，买些小牛肉吧，香嫩可口，年轻人吃了会更健壮的。"老年人被称为"年轻人"当然非常开心，再加上他能巧妙地介绍产品，生意当然好了。

商贩们要主动跟顾客搞好关系，尽可能不说顾客"老"，这也是一条成功的秘诀。

职业幽默没有固定模式，只能依照不同职业、对象以及境遇灵活运用，但必须以"爱"为基础。

社会上有各种各样的需求，所谓三百六十行，无论从事什么类型的工作都要用轻松愉悦的态度去应对挑战。即便在严肃的工作中，也不妨幽默一下！

第五章

职场分寸感：
了解职场规则，莫让自己被孤立

职场沟通讲究分寸，从来没有什么童言无忌

很多学生都习惯了心直口快，有什么说什么，有的学生更是以怼人为自己快乐的源泉。因为是学生，所以很少有人会和他们计较。但当你步入社会、步入职场，开始职场社交后，你会慢慢地发现，那些从前在课本里学来的心直口快、仗义执言、直言不讳等行为在这个现实的世界里显得那么不成熟、情商低。那些口无遮拦的人，总是轻易地就得罪了别人。

小萍为人热情，多次帮助公司的女同事介绍对象。但结果是终成眷属的少，无疾而终的多。在公司里，有一位三十多岁的女同事，小萍多次给她介绍对象，都没成。小萍一时心急，就在闲聊时大发感慨地说："三四十岁还不结婚的人心理肯定有问题。"语毕，那位女同事很生气地说："我怎么就有问题了，你这么说话合适吗？"

小萍也觉得自己说话过分了，连忙补充道："对不起，我不是说你，我是说男的。"说完，她才想起来办公室里还有一位快到40的男同事至今未婚。最后，办公室里一片静默，好好的气氛就这样被破坏掉了。

年轻人一定要管好自己的嘴，千万别像小萍那样无论说什么话都不经过思索就脱口而出。这样不仅容易伤害到别人，而且还会使自己在别人心中的信任度直接下滑，最终成为一个不受欢迎

的人。

露露也是这样一个人。为人直爽，说话直接。同事和朋友们经常说她口无遮拦，说话永远不经大脑，总是先说话后思考。因为有口无遮拦的毛病，露露常常不顾及别人的面子，所以有时得罪了人，她自己还不知道。

一次，她的好朋友郝灵买了一件新衣服，很贵、很漂亮。但遗憾的是，郝灵因为刚刚生完孩子，所以身材有些臃肿，衣服穿起来显得有些不合适。

朋友们都看出来郝灵很喜欢这件衣服，都不忍心打击她，纷纷赞扬起来："这样的衣服才能显出你的气质，穿起来真好看啊，虽然贵了点，但物有所值啊！""这件衣服真好看啊！在哪儿买的？哪天我也买一件！"……

这一系列的赞美让郝灵很受用，她非常高兴。可是这时露露却突然说："你太胖了，身材都变形了，穿这衣服真是不好看，你看你的小肚子都露出来了，多难看啊！而且还那么贵，也没见好在哪儿，我看也不值那么多钱！有这些钱都能买好几件不错的衣服了……"

还没等露露说完，郝灵便气愤地走了。其他朋友也很生气："你实话实说痛快了，可这不显得我们很虚伪吗？"

后来，大家聊天时总是躲着露露。毕竟，谁的面子也不禁伤啊！

俗话说："病从口入，祸从口出。"像露露这样口无遮拦，虽然逞了一时口舌之快，但最终却伤人伤己。

步入社会以后，你就没有童言无忌的"豁免权"了。如果你继续口无遮拦，那么只能处于朋友不待见、同事不喜欢的尴尬境地，最终交友失败、职场失败。所以年轻人一定要先明白这个道理，然后在社交时牢牢把握好说话的尺度，避免口无遮拦。只有这样，才能保证自己在职场中不会因为说话而得罪人。

异性同事间的沟通，分寸感至关重要

在职场上，我们总会与异性沟通和交流。有一些人因为恐惧在与异性的沟通中传出流言蜚语，从而避免与异性沟通。其实这是完全没有必要的，只要把握好与异性同事之间的距离即可。虽然说距离是一个物理名词，但在社交中却是一门学问。在小小的办公空间中，它制约着人与人之间的互动，影响着同事之间复杂而微妙的关系。

现如今，企业中男女之间的工作交流再频繁和正常不过，早已经没有了古代时"男女授受不亲"的思想。工作时不可能不和异性共事，若是你过分抵触将无法在如今的企业中生存。但若是在工作中与异性过于亲密，也会引起不必要的麻烦。因此，工作中如何掌握两性共事的分寸感就显得至关重要。

雯雯是公司策划部的一名员工，最近因为她跟一位新来的同事走得很近，一些关于他们俩的流言蜚语就在办公室里流传了起来。当雯雯去洗手间的时候，听到其他部门的几个同事正在议论自己。下班后，经常和自己一起走的晓宇也不等她了，常常暧昧地说："先走了，不耽误你……"雯雯很苦恼，她不明白为什么会传出这样的绯闻。

有一天，她抓住晓宇一定要问个明白。经过晓宇的解释，雯雯终于明白了自己在什么地方做错了。

原来，新来的同事是个责任心很强又细心的人，前一段时间因为工作很忙，雯雯常常和他在一起加班。两人刚开始的配合并不融洽，经常为意见不一致而争论不休。但渐渐地，两个人都找到了默契。经过一个月的磨合，他们很快就学会了取彼之长，工作起来已经是心照不宣，配合得轻松自如了。可这也只是正常的工作关系，大家没有必要误解啊，雯雯百思不得其解。

晓宇说："你想想看，每天是不是人家在帮你收拾桌面，倒好热茶，那份关心谁看不见啊？还有，上次你从外地出差回来，给所有人带的都是小饰品，但唯独给人家带的是他最喜欢的什么乌七八糟的画册，这难道还不明显吗？还有……"晓宇的每一个例子都非常有"分量"。

一语惊醒梦中人。其实收拾桌面和倒茶是他们事先商量好的，谁先来谁做，可雯雯偏偏是个卡着点上班的人；而那个画册也是在加班的时候他特意提起的，送他很正常，其他人又没有什么特别的喜好，众口难调，买一样的最省事。雯雯没有想到，一念之差居然使自己成了"八卦风暴眼"，造就了这样一段"绯闻故事"。

办公室本来就是一个是非之地，如果和异性同事走得太近，难免会招人猜忌，甚至会被别有用心的人刻意去编排和传播，到时候真是有理也说不清了。因此，保持一个适当的距离，对自己、对同事都有好处。

其实，在办公室中，男女搭配的工作氛围往往要比单一性别愉快和谐得多。而且，同事之间彼此交流也有助于提高工作效率。那么，我们应该如何同异性同事保持一个适当的距离呢？

1. 对异性采取大方、不轻浮的态度

这是职场两性共事最关键的一个原则。大方、不轻浮包括在言

语和行为方面给予对方充分尊重，但又不能显得你轻佻、毛躁。

2. 在语言交谈上要把握分寸

男性员工在这方面尤甚。有些男同事喜欢在一些私下场合开一些黄色玩笑。这种笑话在办公室中尽量少说，特别是有女性同事在场的时候，因为这很可能会被女性认为是对她们的一种冒犯。

还需要记住的是，当你在恭维异性同事的时候，一定要避免挑逗性的话语，以免让对方产生错觉。

3. 在穿衣打扮上要注意礼节

公司是工作场所，并非社交约会的地方。在这里需要展示的是能力，而非你迷人的曲线和魅力。若是在办公室中穿着过于暴露，或者过于休闲都会引起别人的反感。知性而得体的穿着才能让你在职场中赢得更好的印象分。

4. 在动作上要注意自己的举止

很多人在职场中显得很随性，却没有顾及异性同事的感受。例如，有的男同事吃完午饭回到办公室后，也不忌讳是否有女性在场就解开皮带扣放松一下；而女性同样也需要注意，不要轻易去触摸男性的衣服，无论有意还是无意。因为这些动作都会被当成信号给对方带来误会。

同事之间应该把更多的精力放在工作上。因此异性同事之间一定要注意保持彼此的距离，不要越过那条"红线"，一旦跨入"雷区"，那么彼此都会受到伤害。

再大的冲突，也不能在办公室大吵大闹

每个人的价值观都不相同，尤其是在工作中。如果因为一点小事就跟同事争吵起来，由此而影响工作那可就不划算了。

冲突过后一切都会恢复平静，工作仍旧要持续，可是你和同事却会因为冲突而产生隔阂，从而对以后的工作造成不良影响。

办公室是公共场合，你如果在此大吵大闹，不仅有损自己的形象，也违背了职员的基本礼仪。所以，对一个职场新人来说，冲突发生后尽快去化解非常重要，否则可能会生出事端。

早上一上班，小椿就怒气冲冲地走到老杜面前，把手里的礼盒往办公桌上一扔，质问道："你什么意思啊，成心的吧！"

上周小椿和老杜因为工作的事闹了点别扭，前两天朋友送给老杜一套名牌床上用品，他听说昨天是小椿婆婆的生日，想着同事嘛，低头不见抬头见，还是和气点好，就拿过来借花献佛。

小椿特别高兴，还在老杜面前自我检讨了一番，两人冰释前嫌。可没想到，这才过了一个晚上，小椿就翻脸了。原来，她打开包装，礼盒里面有一张附加纸，上面赫然写着四个大字：赠品勿卖！

"这几个字你不会不认识吧？昨天我把它送给婆婆当生日礼物，结果在全家人面前丢尽了脸，现在你高兴了吧！"小椿生气地说。

"这……这我也没想到啊。再说了，这可是名牌，很贵啊，这

赠品……赠品说明它不是假货啊。"老杜有些尴尬，他之前没打开过包装，没想到会发生这种事。可小椿更生气了，她翻出旧账，说老杜欺负她，对上周的事耿耿于怀，结果两人你一言我一语地吵了起来。同事们劝都劝不住，最后还惊动了李总监。

李总监了解事情经过后说："就这么点小事，你们犯得着吵架吗？"老杜率先表态，说以后不会了，不会影响内部团结。可小椿余怒未消，阴阳怪气地讽刺老杜："你不给我使绊子，我就谢天谢地了。"

李总监当即板起脸来，生气地说："这是公司，不是电视剧片场！小椿你这是什么态度，以后要向老杜学习！"小椿平静下来才发觉自己失言了，开始担心李总监会认为她是个爱搞小动作的人。

在职场中，我们难免会与同事产生摩擦，但是切记要理性处理问题，不要盛气凌人，非争个你死我活不可。

就算你有理，同事也会因为你的咄咄逼人对你敬而远之。而与你争吵的同事更会对你怀恨在心，这岂不是得不偿失？

所以，当我们与同事产生矛盾时，应该心平气和地好好商量，绝对不可以去争个你死我活。要知道，无论任何事情，每个人都有他的想法，站在他的立场上，他也是对的。但大多数人在争吵时都无法做到将心比心，最后往往会不欢而散。

相反，假如你能做到善解人意，凡事都站在对方的立场上去考虑，那么很多冲突其实完全可以避免。

天际公司新开发了一种产品，可关于产品销售是面向都市还是乡村，大家在会议上产生了很大的争论。

看到大家争论不休，公司经理宣布会议暂停。

再次开会时，本来主张面向乡村销售的主管说："我从小生活在都市里，对乡村不太了解，但我觉得在乡村生活的人应该会喜欢这款产品。不知道大家对此怎么看？如果大家觉得我的想法是错误的，我也很乐意改正。"

没想到的是，主管说完后，大家从争论变成了讨论，会议气氛好多了。

后来经过长时间的讨论，大家都欣然赞成面向乡村销售了。

在职场中，大家肯定会有分歧。但当有了分歧后，是否需要争吵呢？

这很值得商榷。其实，当你不那么固执己见，而是就事论事时，你就会发现，虽然你无法完全认同对方的意见，但对方说的也并非全无道理——也许把两人的意见综合一下，结果会更好，而且这也能体现出整个团队的智慧。

那么，在职场中，我们怎样做才能化解冲突呢？不妨把握好以下几方面。

1. 要学会以大局为重

同事们都是因为工作关系而走到一起的，因此我们要懂得以大局为重，形成利益共同体。大家一定要具备团队意识，相互帮助，而不是相互拆台，切记不可因为贪图自己的小利而损害集体的大利。如果我们都能以大局为重，那么遇到矛盾也就能大事化小，小事化无了。

2. 有分歧时求大同存小异

同事之间由于立场、生活环境等差异，难免会对同一个问题产生不同的看法。因此，与同事有分歧时，我们既不能过分地与之争论，也不可一味地追求"以和为贵"，而应争取求大同存小异。另外，我们还要学会冷静处理，淡化矛盾，既解决问题又不失自己的立场。

3. 学会宽容、忍让与道歉

同事之间发生了矛盾，我们不要认为谁先说对不起就是丢面子。别等同事来找你，要积极主动地去道歉。如果两个人继续争吵下去，那会失去同事之谊；如果重归于好，那会相安无事。所以，不要等待别人来解决问题，我们自己要先负起责任。

当冲突产生的时候，我们不妨找机会主动沟通，表达一下自己的态度。如果你觉得工作时间不方便，可以私下约个时间一起吃顿饭或喝杯咖啡，在轻松的状态下交换一下彼此的看法。这时不一定要分出谁对谁错，关键是要把事情说开，不要因此留下心结。

做一只"刺猬"，和他人保持一定的距离

刺猬身上的刺是用来保护自己、防止被敌人伤害的。刺猬也有自己的"美好生活"，它们能与其他动物保持一个恰当的距离，就像是动物世界里的中立者，不去招惹谁，只过好自己的日子。

人与人之间的交往没有动物之间那么简单，我们既要做好自己的事情，又要做得让他人满意。但是，从刺猬的身上我们可以懂得，与他人保持恰当的距离是绝对有益的。

人际交往中，保持适当的距离也是一门学问。通常而言，对方踏入以你为圆心、半径3米的范围之内，就算是踏入你的隐私区了。

因此，在与别人单独交往时，只有在确认了对方对自己友好的情况下才可以与他近距离接触。要明白，与对方保持一定的距离是对他的尊重，也是保持自身良好形象的一种表现。

李封刚进公司便做了经理的助理，因此免不了要出去应酬。但是他的酒量不太好，以前也没怎么参加过应酬，于是每天一下班他便匆匆离开公司，生怕领导有什么应酬拽上他。

时间长了，同事们都喜欢拿李封开玩笑，说他每天来无影、去无踪。正巧经理也听见了，就把他叫到办公室，对他说："小李，你做经理助理有好几个月了，也没见你参加过什么应酬。这可不行，跟客户吃饭也是我们的工作范围。今天正好有一个酒局，是陪一位

大客户吃饭，你可不能再缺席了。"

李封只能答应下来。

下班后，李封跟着经理来到了酒店。席间，大家聊得很开心，经理起身劝酒，让大家尽情地喝。大家都喝了不少，李封自然也有了几分醉意，但还能站稳。

接着，经理提议去K歌，李封负责打车把大家带到附近的KTV。在KTV里，经理又点了不少酒，说："大家今天一定要喝得尽兴，不然都不能走。"说完，他便看了李封一眼，顺手递给他一瓶开了盖的啤酒，"酒场如战场啊，我们就该陪客人喝得尽兴，你也是，放开点。"

经理揽着李封的肩膀劝他喝下了那一瓶啤酒。大家看李封还挺能喝，便都上来劝酒，而他一时脑热，便都应了下来，直到喝得晕乎乎的，什么也不知道了。

第二天一早，李封发现自己躺在一间宾馆里。上班后，他问过同事才知道自己昨晚喝得烂醉如泥，还抱着经理称兄道弟，后来被经理派人送到了宾馆。

几天后，经理找李封谈话："小李，我们这个部门难免会外出应酬，而你又不太适合。我已经跟人事部说了，你还是去售后服务部工作一段时间看看吧。"

李封一听，知道自己犯的错误已经无法补救了，只能去售后服务部报到。

跟上司在一起时，不管是什么场合，都该保持一定的距离。毕竟是上司，你只能敬而畏之。如果跟上司称兄道弟，难免会被别人笑话，而且上司的心里也不会舒服。就算你们私交再好，在他人面前你也该做到公私分明。

其实，我们都应该学会如何跟领导打交道。

首先，要有上下级观念。就算领导对你再好，你也要明白自己必须与领导保持一定的距离。

其次，不能有越位的想法。领导看好你是因为你踏实肯干，但如果你有越位的想法，领导就会觉得自己受到了威胁，必然会把你压下去。因此，聪明的人从来不会抬高自己，而是会有意无意地抬高领导，并且与领导保持一定的距离。

领导有时可能会放下身段跟我们调侃、开玩笑等，但是作为下属，你不应该忘了自己的本分。我们如果因为领导调侃、开玩笑而跟着放肆起来，无所顾忌，那么这种愉快、和谐的气氛就不会持续很久了。

总之，不管面对谁，都要与对方保持一定的距离。正是"距离感"才能让我们安全地立足于这个社会，惬意地享受人生。

交心要有分寸，并非每个同事都能推心置腹

在职场中，我们可以跟任何同事和平相处，但不可能跟所有同事都成为朋友。所以，在与同事聊天时，一定要有分寸，并非每个人都能够推心置腹。就算有的同事表面上是你的朋友，我们也要先经过慎重选择，找到真正可以掏心掏肺的人，然后再敞开心扉地与他交谈。

小贝在公司干了两年多，他觉得现在所在的部门没啥发展，打算年后跟公司申请调到市场部去，如果公司不批准就辞职。那天，小贝在食堂碰见负责申请调换部门的大森，他们俩平时关系不错，小贝就把心事告诉大森了。可没想到，第二天总经理就知道了。

总经理听了气不打一处来，说："他以为自己是谁啊，要走就走呗！"

下午主管找小贝谈话，开门见山地说："小贝，你没有负责市场信息的经验，公司不可能以你现在的酬薪请一个毫无经验的人。我还听说，如果申请不成功，你就要辞职，有没有这回事啊？"

小贝赶紧说："没有。"

可主管却下达了逐客令："如果要走的话，提前一个月申请；如果想留下来公司也欢迎，但是你要想办法提升自己的能力。"

主管走后，小贝气得火冒三丈，他怎么也没想到大森会出卖自

己！后来主管三番五次找小贝谈工作上的事，总有要辞退他的意思。小贝越来越觉得继续留在公司也没意义，只得自己主动辞去了这份工作。

在职场中，不是所有人都可以推心置腹。就像小贝和大森，他们是朋友，但小贝最终还是被自己视为朋友的大森出卖了。

我们在与人推心置腹时，往往袒露的都是自己内心最深处的情感或秘密。如果对方人品低下，就会给自己带来惨重的后果，比如，你的秘密会成为对方利用你的把柄，出卖你，甚至是威胁你。

也许你会觉得是别人出卖了你，但是真正要怪的人应该是你自己，是你自己选错了人，把他当成可以推心置腹的朋友。所以，在你没有能力看清一个人之前，最好不要将心里话都说与他听。

而选对了人，你就可以畅所欲言，得到对方的安慰和帮助，并加深你们之间的感情。反过来，对方也会把心底的秘密告诉你，你们就会因此而成为知己。

所以，你一定要找你信任的人作为倾诉对象，不要跟表里不一、暗中伤人者表露情感。这样的人往往表面上对你好，背地里却想利用你，伤害你。

张佳在一家创业公司工作一年多了，最近公司入职了一个新同事周筠。周筠比张佳大四五岁，她第一天来上班时，趁主管不在和张佳聊起天来，她还向张佳吐槽公司环境一般，电脑设备陈旧以及对主管的不满。

周筠虽然是新员工，但是她几年前就在主管手底下工作过，可以说是主管的老部下了。张佳知道后心想：难怪她知道主管那么多糗事。她们俩聊天时，周筠几次强调："咱俩可是一条船上的人，这些千万别让主管知道哦！"张佳小鸡啄米似的点头。

相处一段时间后，张佳和周筠更加亲密了，她们下班后一起到餐厅吃饭，张佳还亲切地叫周筠姐姐，她不仅把自己知道的公司情况都告诉了周筠，还把自己的很多私事也告诉了她。

有一次闲聊时周筠问起张佳的薪资情况。原本公司要求大家对薪资保密，但张佳觉得周筠为人直爽，跟自己交情不错，就告诉她了。周筠听了惊讶地说："天哪！你这两个月天天加班，工资居然这么少！你怎么不跟领导提涨工资啊？"

听周筠这么一说，张佳觉得很有道理。自己来公司这一年一直兢兢业业，满一年时调薪也没涨多少工资。如果不主动提加薪，要等到猴年马月才有机会？所以，张佳决定下班后跟主管聊聊涨薪的事。

张佳以前段时间公司业务繁忙、自己压力大为由跟主管申请涨工资。主管对她说，公司规定每年一月份调整薪资，中途没法涨薪，拒绝了张佳的请求。就在这时，周筠进来给主管送资料，正好听到她们说到涨薪的事。

周筠一反常态，批评张佳不懂事，还说年轻人不能老想着涨工资，应该脚踏实地把事做好。主管很满意，让张佳多跟周筠学习。那一刻，张佳才反应过来，原来她们俩根本不是一条船上的，她把周筠当好朋友，可周筠却把她当可以出卖的同事！

表里不一、暗中伤人者通常在你面前会伪装得非常好，其实是想通过对你的关心，套出你内心的隐秘情感，跟你拉近关系。

这种人会先把自己的隐私推心置腹地告诉你，然后希望获取你的隐私。对于这样的人，你一定要守口如瓶。

对有恶劣习性的同事，也不要深交。这种人意志薄弱，品质也不好。他们没有社会责任感，没有道德底线，为了一点好处就会轻易出卖朋友。你把自己的隐私推心置腹地告诉这种人，无疑是给自己埋下了"定时炸弹"。

以自我为中心、自私自利的同事，也不是可以推心置腹交谈的对象。这样的人一切以自己的利益为出发点，很少真正顾及别人的立场与感受，跟他们深交，最终牺牲的就是你自己的利益。

对于那些心态灰暗、处事消极、悲观主义的同事，你也要敬而远之。这种人只能给你的生活带来负能量，他们也许不会出卖你，但却不会给你带来好建议、正能量。与他们交往，你的生活不会有阳光。

高调要有分寸，做一个懂得隐藏的人

老子说："良贾深藏若虚，君子盛德，容貌若愚。"意思是，一个了不起的商人，外表看起来好像一无所有；一个有修养的君子，外表看起来好像愚蠢、迟钝。这才是真正高情商的人，因为他们知道隐藏实力，避免让自己当靶子。

你可能才华横溢，并且觉得骄傲、张扬、锋芒毕露也没什么，但是你要清楚，社会上的人际关系很复杂，处处都要应付形形色色的、不同性格、不同层次的人。你最好学会巧妙地隐藏自己的实力。

有人说，曾国藩之所以能功成名就，就是因为他深谙藏锋不露之道。曾国藩从小受到家风的影响，性格倔强，这是一种优势，但也会带来不良后果。初入仕途，他本着为民请命、扭转危局的目的，采取了较为激烈的做法。

咸丰继位后，他趁新皇帝治国心切，连上四道奏折，极陈天下弊政，请求革旧立新。皇帝未予重视，他竟在朝堂上当面指责皇帝，差点受到严惩。

带兵以后，曾国藩无实权，而为求办事速效，他又与地方官员发生了激烈的矛盾。他为朝廷卖命的冲劲和惊人的能量甚至引起了皇帝的猜忌。最后的结果是，他被迫居家守丧。

一年后，由于胡林翼的推荐，曾国藩才得以再次出山。经此挫折，他领悟了许多处世谋略，性格也发生了大转变。

曾国藩早年锋芒太露，为当权者所忌，他们对咸丰帝说："曾国藩不过一匹夫，一回乡举兵，应者云集，实在可怕。"再加上他气势逼人，也激化了同其他官员的矛盾。

而自从被朝廷外放以后，曾国藩深切感受到了"外吏之难，盖十倍于京华"这句话的含义。经过几次挫折以后，他也学着装糊涂了。

郑板桥在家里题写了"难得糊涂"四个字，还说"聪明难，糊涂尤难，由聪明转入糊涂更难"。

聪明人多自以为是，往往乐于显露；而糊涂则要求人佯为不知。所谓的糊涂，并非浑浑噩噩，而是隐藏聪明的一种谋略，这已经被人总结成了为人处世的经典和智慧。

懂得隐藏，懂得退让，才能保证自己的安全。而那些恃才傲物的人，通常很难有好下场。

唐傲毕业于名牌大学，他有过硬的管理才能和游刃有余的公关能力，但他也有缺点——争强好胜且容易冲动，这给他的职业生涯带来了不少麻烦。

唐傲毕业后就被一家中型合资企业相中，负责公司的宣传工作。当时他想：应该好好干出一番事业来。

初入职场的唐傲写出来的方案颇受老总的欣赏，曾多次被老总当众夸奖。但半年后，跟他一同进公司的两位同事都升职了，他还在原地踏步，于是他心理不平衡了，还因此迁怒于人事部经理，跟人家吵了一架。

与人事部经理发生冲突后，唐傲被老总叫去谈话，老总意味深长地对他说："小唐，请你给我一个机会，让我了解你，认识你。"老总想再观察他半年，如果可以就把公关部经理的位置给他做。

年初调整薪资，唐傲的工资翻了将近一倍。可是他没高兴多久就又开始心理不平衡了。因为跟他一同进公司的同事又有了新变化——要么升职，要么外调别的部门，而他还是待在基层。

唐傲觉得再这样等下去也没什么结果，于是露出了任性的本性。有一次，公司通知他在休息日加班，他觉得不公平便断然拒绝了。这让老总极为尴尬，也没什么耐心再考验他了，甚至将他打入了"冷宫"。

最后，唐傲也自觉无趣，辞职了。

初入职场的年轻人往往急于显露自己的才能和实力，表现得锋芒毕露、急于求成，凡事都要争个"先手"，动不动还要"抢跑"……但是这样必然会过早地卷入竞争中，也会在潜规则下显得被动，最终落个英雄无用武之地的下场。

其实，在社会中，我们不仅要提高才能，还要修炼心性，收敛锋芒，低调做人，才能始终立于不败之地，而不是早早报销，再无建树。

注意言谈举止，别让你的言语招来敌意

在职场中，注意自己的言谈举止很重要，不要过分地张扬个性。如果你的言谈举止触犯到了对方的利益，他一定会想方设法地报复你，这样你就很有可能成为他的靶子。

高情商的人明白做人做事都要低调平和，才不会导致别人对你产生敌意。如果你经常感情用事，说话随便，拥有一点成绩就得意忘形，这样就会给你带来交际阻碍。当你的言行超出别人的容忍度，他必定会找各种机会给你小鞋穿，甚至排斥打击你。

王玫研究生毕业后凭实力应聘进了一家公司，一开始只是小职员。

公司办公区有个不大不小的休息室，是员工们吃午饭、喝咖啡、喝茶的场所，也是休息时闲聊的地方，有很多闲话都是从这里传出来的。

有一次，王玫去休息室冲咖啡，正好遇到两位同事在闲聊。她们看到王玫进来了，也把她拉进了话题中。

一位同事说："你们知道吗？听说咱们经理是胡总的情人。那次胡总来咱们部门视察时，他俩的眼神可暧昧了。"

另一位同事也说："就是，就是。那次胡总一进经理的办公室，经理就把百叶窗拉上了，两人不知道在里面干了什么。"

这时，王玫插话道："听说经理只有高中文凭。我们这些大学生、研究生还不如一名高中生。经理的能力实在不敢恭维。"

说完这句话后，王玫就后悔了。因为这两位同事进公司很久了，她们说什么自然没事。可是自己说的话会不会被她们传出去那就不一定了。

想到这儿，王玫紧张地离开了休息室。

没几天，王玫就被公司辞退了，原因是那两位同事告了黑状，她们把自己说的闲话也都推到王玫身上并说给经理听了。原来，她们怕王玫把她们说的闲话传出去，就先下手了。

王玫知道真相后非常后悔，正因她言行不当才被别人当了靶子。

在职场中，注意言谈举止就是要知道哪些话该说，哪些话不该说；哪些事该做，哪些事不该做。所以，在什么人面前就该说什么话，做什么事，什么都要经过思考，然后做到谨言慎行。

相反，如果你没有注意自己的言谈举止，很可能会因为一个很小的细节就被别人利用，甚至成为被别人攻击的靶子。有才华、有能力是好事，但如果你不懂得收敛和隐忍，也很难立足，甚至会给你招来灾祸。

不管一个人多么有权有势，只要他过分张扬，狂妄自大，傲慢无礼，就不会有好下场。只有谨言慎行，才能叱咤职场。

你需要练就自控力。能够自控的人才不会轻易受到情绪的支配，不会在冲动下做出害人害己的事。就算面对不喜欢的人或事，你也不要轻易表露出坏情绪。你不必强迫自己喜欢对方，但要礼貌地对待他。

在职场中，如果你不在乎别人的感受，无所顾忌，随心所欲，你就会成为众矢之的。切记要学会收敛个性，谨言慎行。

柳莹是一家公司策划部的副经理，她能力很强，业绩突出，长得也漂亮，又多才多艺，但在公司里却很不受欢迎。

柳莹刚进公司的时候，凭借自己深厚的专业能力，经常能给上司提出很好的建议。再加上她工作努力，同事们对她的评价都不错。

在公司的舞会上，柳莹能歌善舞，非常活跃。同事们一起去唱歌，她也是抢尽风头，吸引了众多男同事的目光。

工作闲暇之际，女同事们总喜欢谈论一些穿着打扮的事情，而这时柳莹总会无所顾忌地指出她们的审美缺陷。渐渐地，很多同事就开始讨厌她了。

柳莹在公司工作了三年，竟然没有建立起自己的人脉网，公司的新老员工都在明显地孤立她。

在职场中，跟他人交往要懂得收敛锋芒。不要认为自己最优秀，更不要口无遮拦、随心所欲，想说什么就说什么，想干什么就干什么。

我们要多站在别人的角度思考问题，这样才能了解对方的真正意图，避免自己被孤立，或者成为别人的眼中钉。

总之，你要学会隐藏锐气，谨言慎行，才能工作生活都平顺。做一个成熟而有城府的人，你的路会好走很多。

人多嘴杂的场合，你一定要远离，至少要保持距离。

此外，你也不要把心里话随便就说给某些人听，否则当你与对方有利益冲突的时候，他会利用你的弱点打击你，往往百发百中。

有时候，言谈举止就决定你的职场生涯，一定要尽量避免因为言行不当而伤害别人，导致自己身陷困境。

有技巧地说"NO"，别让领导下不来台

我们都有过这样的经历，面对朋友或亲人的要求很难说出拒绝的话，进入职场后就更是如此。很多人性格内敛且从来没有学到过如何拒绝这门课，因此他们从来不知道拒绝的理由该如何说出口。在职场中，面对很多领导提出的要求，员工想要拒绝时不仅需要很大的勇气，而且需要一定的技巧和方法，不然有可能得罪领导，严重的话还会直接丢掉"饭碗"。

面对领导的不合理要求，要采取先肯定后拒绝的态度。例如"我知道您的难处，但您是个通情达理的高人，我相信您也能理解我的苦衷，所以……""我明白您的意思，我也赞同您的看法，但是……"以及"如果这件事换作是我，我也会这样做，只是……"

李雅兰的总经理是个等级观念森严的强硬派。就算是明摆着看起来都离谱的要求，大家也都纷纷说是，不敢违背。

一天，公司接了一本杂志，全体开会讨论如何刺激发行量。老总对李雅兰说："下周末组织你们策划部的人上街卖杂志，还要动员员工家属购买，打五折。"李雅兰听后很不高兴，心想我们员工才多少人，就算天天摆地摊卖杂志也扩大不了发行量。但她咳嗽了两声，忍住了。

周五，大家都等着李雅兰通知加班时间，她却一下班就急匆匆

地走掉了，仿佛忘了一样。过了一周，老总问李雅兰卖了多少本杂志。李雅兰拿出一份详尽的计划书，上面罗列了上街摆地摊卖杂志的准备事项以及所需的大笔经费。李雅兰说要做就要做好，因此周末加班赶制了这份计划书。老总看到这么大费周章的计划书和这么大额的经费，便望而却步了。

李雅兰看似接受了老总的任务，实则是拒绝了他。这不仅有利于减轻公司负担，还帮同事们省去了很多麻烦，大家都很感激她。

对于上司的一些不合理要求，有时候我们不必当场拒绝，不妨暂时先忍耐一下，然后迂回拒绝。就像案例中的李雅兰那样，通过详细的数据分析上司要求的不合理之处和实际困难，让他自己望而却步，从而达到拒绝的目的。当然，还可以通过另外一种迂回的方式拒绝，例如，你可以对上司说："您能容我考虑一个小时吗？稍后我再给您答复。"争取到这个时间后，我们不妨向同事们求助，说出自己的疑问，找到解决问题的方案。当约定的时间到来时，我们可以根据同事们的支持，说出自己的理解，并告知上司其他人的想法，这时候他就很难再继续坚持不合理的要求了。

王莹莹的领导每次约见重要客户都要带着她，王莹莹已经成了公司里有名的"交际花"，这不免为她带来许多困扰。领导还发话："这是重要客户，不能得罪。"很多时候王莹莹都逼自己忍着，不知道该如何拒绝领导和客户。

有一次，王莹莹在工作中认识了一位老总。老总对她一见钟情，频频向她发出私约邀请。出于不能得罪的规矩，王莹莹只好每叫必到。

渐渐地，这位老总的爱情攻势更加猛烈，王莹莹想来想去，决定要和领导好好谈谈。

第二天，王莹莹找到领导，表明了自己的观点："我认为工作和爱情是两回事，如果是工作上的交流应酬我很乐意去做，也有义务去做。但请您保留我的隐私，不要将它告诉别人，这样会给我带来不必要的烦恼。"

随后王莹莹又找到了那位老总，告诉他："如果你真心喜欢我，就应该在乎我的感受，尊重我。请给我一些时间让我考虑清楚，我会给你一个答复。"

此后她面对的骚扰问题减少了很多。

身在职场，我们总会遇到上司的各种要求，合理的要求我们当然要听取；对于不合理的要求，我们就要有勇气、有技巧地说"NO"，而不是默默承受，让自己陷入痛苦之中。

第 六 章

谈判分寸感：
刚柔并济，掌握谈判的主动权

劝说要有分寸，喋喋不休只会适得其反

　　那些不知道该在什么时候停止讲话的人往往会把人逼疯！如果你想成为一位高效的销售人员，你必须知道何时停止劝说。不论是在销售还是在商务谈判中，说服者常常因为不知道什么时候闭嘴而把事情搞得一团糟。

　　苏格兰著名辩护律师弗朗西斯·威尔曼曾说过这样一句话："当你发现石油的时候，要马上停止钻探。许多人因为钻探得过深过透，石油由地底冲天而出！"

　　与很多事情一样，成功说服的关键也在于一个"度"的问题。有时候，你想说服对方，比如想让对方购买自己的东西，卖方的确必须制造一种紧迫感，以使买方尽快采取购买行动。但是如果你不懂得把握分寸，总是一个劲儿地催促，不能察觉到对方的细微反应，不知道适时停止，那么很可能因为催促力度过大，对方会本能地退缩回去。

　　成功的销售人员善于拿捏说服的分寸，尊重客户的智慧和判断；而失败的销售人员大多存在过度劝说的问题，他们低估了客户的认知能力。

　　也就是说，你必须在开口之前仔细思考你要说的话会产生什么影响，在每句话说出之后留心观察对方的细微反应，说话的时候注意适当的停顿，给双方都留出思考和消化的时间。很多人都会忽视

观察对方，只按照自己的意愿侃侃而谈，说到口干舌燥，却收不到任何效果。

玛丽是某咨询公司职员，负责业务开发工作。她最大的优点就是做事有恒心和毅力，因此她的业绩一直很好。

有一次，她接待了一个由印度公司转介到中国公司的客户，印度公司在转介的时候特别向玛丽强调这个客户是一个虔诚的佛教徒，但玛丽却不以为意。在洽谈的过程中，双方因合同中的付款方式存在微小异议选择暂时中断洽谈。

急于求成的玛丽不断寻找各种机会说服对方同意公司的付款方式，她不仅通过电话、邮件等方式，甚至在客户去寺庙祈福的时候仍然站在客户旁边不停地解释公司为什么有这样的付款要求，希望客户能够签约。没想到，客户从寺庙出来后，不仅对玛丽非常生气，指责她破坏了寺庙神圣的氛围，还以玛丽不尊重他人信仰为由立即终止了谈判。这笔马上就要谈成的业务就这样以失败告终。

坚持是一把双刃剑，说服中不能缺少坚持，然而把握不好坚持的尺度反而会起到相反的作用。比如案例中的玛丽怎么也没想到，自己的"恒心"竟然成了导致失败的最大因素。

那么，如何把握好说服的尺度呢？

1. 学会察言观色，识别必须停止说服的信号

心理学研究表明，人的内心活动通常有70%会直接表现在面部表情和肢体语言上。如果你观察到对方做出以下行为时，你就应当到此为止：

双腿交叉并且晃动不停；

频繁摇头或擦眼镜；

咬嘴唇或用手指摸嘴唇。

当人们做出这样的行动时说明已经对当前事物产生厌倦或抵触，如果继续劝说，只会加剧对方的反感。

2. 做到张弛有度

橡皮筋绷太紧就会断。同样道理，如果一直给对方施压，对方很可能在短时间内承受不了从而产生逆反心理，这对说服的推进是相当不利的。因此，在说服过程中一定要根据对方的反应随时调整说服的进度和强度，既不能松懈，也不能一味地猛攻。

3. 说服尺度因人而异

有些人喜欢听别人的指点和批评，那么说服者应该耐下性子来逐步加深说服的程度；相反，有些人比较有主见，说服者只需挑出最关键的一处点到为止即可，不必做过多过深的解释。换言之，说服到什么程度取决于说服对象本身。

把握好说服的尺度，不仅体现在根据他人的反应做出调整上，也体现在主动制造停歇上。

我们经常可以看到，当交涉陷入困境时，头脑灵活的人往往会趁机说一句"今天暂且到这里，下次再继续"，让双方都能获得喘息的机会。试想一下，如果双方互不相让，固执己见，那么结果只能是无休止地争论下去，既浪费时间，又毫无效果。这时，我们不妨主动提出停止交涉，让双方的头脑都获得"冷却"的时间，也许大家冷静下来之后事情就能有转机了。

我们永远都要记住：说服不能靠强迫。有时，两三分钟的休息、一个"跑题"的小插曲、一个暂缓的提议、一次"请再考虑考虑"的提醒，都能起到事半功倍的说服效果。但请注意，停下说服的脚步并不意味着无限期地拖延，这只是暂时的休息，说服者时时刻刻都要把握好暂缓的尺度，以免误事。

拿捏情绪的分寸，别在冲动之下做决定

谈判中，对手经常会使用激将法来促使我们就范，比如故意质疑我们的实力来逼我们提高质量，或者故意透露竞争对手的价格来促使我方降价。如果我们不能对一些让我们愤怒的小事淡然处之，那么就会处于危险之中。

在非洲的大草原上有一种吸血蝙蝠，它们虽然体积很小，却是非洲野马的天敌。人们可能会奇怪，小小的蝙蝠如何能成为野马的天敌，杀死野马呢？其实杀死野马的并非是这些吸血蝙蝠。吸血蝙蝠每次吸附到野马的腿上时会用它们的细小而尖锐的牙齿划破野马的腿，吸食野马的血。但吸血蝙蝠体积小，划破的伤口很小，吸食的血量也很少，并不能导致野马死亡。野马真正死亡的原因是它们的愤怒。

被吸血蝙蝠叮咬时，野马就会变得愤怒、暴躁，最后在草原上狂奔。但无论野马怎么奔跑、怎么蹦跳，都无法甩掉这些吸血蝙蝠。它们依旧从容地吸附在野马的腿上，悠闲地喝着血，直到"饱餐"后再飞走。而野马愤怒后的狂奔却增加了血液的流出，最后吸血蝙蝠飞走了，但野马还在不停地流血，最后在愤怒中无可奈何地死去。

野马为了甩掉附着在自己身上的吸血蝙蝠而暴怒、狂奔，最后

送掉了自己的性命。所以，真正害死野马的并不是小小的吸血蝙蝠，而是野马自己暴怒的习性。我们如果在谈判中也像野马一样，那么很可能会在冲动的驱使下进入对方的圈套。

情绪失控是谈判场上的一大禁忌。它会让你说错话，轻则得罪人，重则完全毁坏谈判。因此，在谈判桌上一定要控制好自己的情绪，特别是在双方因为小问题而争吵或对方态度不够和气时，我们更要拿捏好自己的情绪，以免因为激动而把话说得难听或太绝。

很多谈判者不注意这一点，他们常常会为了一个小问题而在谈判场上大发脾气，与对方陷入激烈的争论中。

一家制鞋厂最近要生产一批新鞋，所有原料都已准备妥当，就差胶水了。老板对胶水的要求很严格，既要黏性好，又要刺激性味道最小的。选来选去，终于找到他满意的胶水了。

鞋厂老板直接找到生产胶水的厂家来商谈胶水采购事宜，胶水厂老板知道来意后对鞋厂老板骄傲地说："你可真有眼光，我们的胶水在国内是数一数二的。因为质量好，所以价格也不便宜。"

虽然胶水厂老板态度有些傲慢，但鞋厂老板并没有生气，反而附和道："是啊，是啊，我们对比过，质量这么好，贵一点也应该。毕竟一分价钱一分货嘛。"

胶水厂老板听到对方这么说，直接问道："那您准备要多少货？"

鞋厂老板沉吟了一会儿，说道："这次的鞋是我们今年重点推出的新款，因此生产的量也比较大，对于胶水的需求量也很大。我们采购得多，价格上能否再给我们一个折扣？"

胶水厂老板摇摇头，用一点商量余地都没有的口气说道："不管买多少，我们都是这样的价格，一分钱都不能少。"

这时鞋厂老板对胶水厂老板的态度有点生气了，但还是强压下心中的怒火说道："一般采购得多都会适当给予价格优惠的，您再考虑考虑，再降降价？"

胶水厂老板没好气地说："你以为我们的胶水是一般的廉价胶水啊？说降价就降价？"

这话让鞋厂老板生气极了，他心想，不就是生产了一款好一点的胶水吗？就这么大架子，说话处处不饶人……他很激动地拍了一下桌子说："我是诚心来跟你谈生意的，你摆什么臭架子？"

此话一出，胶水厂老板顿时怔住了，转而说："我哪里摆架子了？你这么大火气我们怎么谈？"

鞋厂老板气还未消，见对方把问题都推到自己身上，更加气愤，毅然决然地说："不要以为只有你们能生产胶水，市场上生产好胶水的厂家一抓一大把！"

胶水厂老板也不饶人，暴跳如雷地说："那你就不要买我们家的好了！"

"就你这样的态度，不买就不买！"鞋厂老板回答说。

结果，本来很有希望的一场谈判就这样不了了之了。

这就是情绪失控的后果！情绪失控会让你顿时火冒三丈，话里带刺，失去应有的礼貌与风度。在谈判桌上，很多谈判者也常常会这样，或图一时口舌之快，或为一解心中之气，直接放大或激化矛盾，导致谈判最终失败。殊不知，因为别人的言辞而改变自己的说话方式和失去理智是非常愚蠢的。俗话说："进一步山穷水尽，退一步海阔天空。"懂得包容与理解，情绪就不会失控，谈判就不会被吵架或辩论取代，而你也不会空手而归。

那么，怎样才能绕开情绪失控，避免自己陷入争吵或辩论中呢？以下为大家提几点意见。

1. 谈判前做好充分的准备，对"自己要说什么"心里有数

虽然说计划赶不上变化，但是没有计划就只能任由变化牵着鼻子走。你为什么会在谈判中情绪失控，说到底还是因为你没有准备好，至少你没有充分的心理准备。一旦有什么东西激怒了你，你就会承受不了，进而失控。假如事先有个准备，扩大心的容量，那么谈判场上对方再怎么为难你，乃至羞辱你，你都能做到有理、有利、有节地还击他。

因此，清楚"自己要说什么"至关重要。"自己要说什么"不仅指谈判的内容，还包括怎么和对方谈，怎么用最简短、直白的话表达出最明确的意思，对方向你提问时你该怎么回答，对方设陷时你该怎么守口如瓶……

2. 适当自嘲，转移话题，及时缓解不良情绪

当你发现自己情绪失控时，要及时化解它。转移话题是比较好的方式。

惠普公司的前女掌门人奥菲利亚有一次参加一个很重要的谈判，但在谈判过程中，她衣服上的扣子突然掉了一颗，顿时衣服开了一个很大的缝隙。对方见状，没忍住笑出了声。奥菲利亚很尴尬，也很生气对方失礼，但她却没有发火，而是幽默地说道："时代在快速发展，要求我们跑步紧跟时代。而当我想解开衣服跑步前进时，却发现自己并未穿运动短裤。让我们尽快敲定我们的谈判协议，好让我回去换个短裤奔跑着跟上时代。"奥菲利亚幽默的回答顿时化解了尴尬的气氛，还为谈判会场带来了一丝轻松的氛围。最后，这次谈判也取得了圆满的结果。

3. 平静下来，听听对方怎么说

当谈判变成争论时，对方的情绪可能也变得比较激动了。这时候不妨冷静下来，学会聆听，听听对方怎么说，理解对方发火的理由。你可以问问对方："您先说说您的看法？"这样一来，对方能充分地感觉到你对他的尊重，争论也会自然而然地被平息。

控制贪婪的分寸，否则结果只有失败

谈判中，倘若己方占有优势，或遇到对方让步的情况时，我们很容易忽视对方的底线，导致过度贪婪。这也是谈判过程中容易犯的一个错误。如果不注意分寸，陷入其中，那就可能会让胜券在握的谈判走向失败；假如能绕开这一误区，就能成功促成谈判。

一家小贸易公司成立不到一年，就发展得十分迅速。老板叫张成，是个年轻小伙，他的发迹让同学们很羡慕，大家都说他运气好，他只是笑笑。后来，一位也从事贸易中介的同学跟着他去谈生意，这才知道他的"运气"好在了哪里。

张成刚从外国客户那里接到一个单子，对方想在中国找工厂生产他们设计的服装。和外商谈好后，张成开始在网上寻找合适的服装制造厂，然后仔细确定和对方合作的方案，最后他锁定了一个目标，并和厂长约好进行谈判。

厂长说："我们厂给老外加工衣服已经十多年了，经验丰富，做工精细，材质也好。"

张成说："这个我放心，据我所知，你们加工的很多服装都受到了好评。"

厂长听了很高兴，乐呵呵地说："我们也是本着良心办事。"

一番介绍和肯定后，他们开始谈起加工费用。厂长说："如果对方提供原料的话，那我们的加工费一般是服装原价的10%；如果对方不提供的话，那就是20%。"

张成知道，这只是对方想要的理想价格，即使在对方不提供原料的情况下，按原价的15%收费，他们也是稳赚的。作为同行，张成的同学当然也清楚这一点。他在一旁不吭声，想看看张成是怎么处理的。

"原料我们可以提供，这方面我已经跟外商谈好了。我们可以先做好样品，寄过去给他们看一下。但是这个加工费，我想还可以再降低一点。"张成平静地说。

厂长说："你也知道，现在物价普遍上涨，工人的工资也涨了。所以我们这个加工费也得涨啊。不然厂里压力太大了，没有利润就没法运转下去。不瞒你说，20%我已经给你最低价了。"

张成微笑着回答："20%确实有点高，我们公司完全没有利润。这样吧，你再说个价。"

厂长想了想说："看在咱们也是初次合作，留个好印象，原价的18%吧。"

张成见厂长降价了，觉得这个谈判有望成功，再压低一点对方也能接受，于是便说："还是有点高，你就真心诚意地说个价吧。"

厂长笑了笑说："我也不跟你兜圈子了，那就15%吧，这真是最低价了，不能再低了。"

张成的同学见厂长如此爽快，心想再压一点肯定也没问题，便急忙说："14%成交吧。"

此话一出，厂长有点不高兴，他有点生气地说："你们要是想要这个价的话，那我们真没法做，您还是找别人家吧。"

张成立即挽留说："不，不，不，就按你说的 15%，成交？"

厂长伸出手，表示赞同。

事后，张成的同学问他："他降价降得挺爽快的，你再谈谈，14% 肯定也能拿下来的。"

张成笑着说："14% 他们确实也不吃亏，但我事先充分了解过了，15% 是他们的底线，要是低于这个价，即使谈成了，到时候做出来的衣服也可能出问题。所以，还是不贪这个心的好。"

这让同学恍然大悟，不由得心生佩服。

张成的聪明之处就在于，他没有忽视对方的底线，不贪心，这让他促成了这次合作。其实这也是张成的贸易公司能迅速发展起来的重要原因。

谈判桌上，你能否避开过于贪婪这一误区？会不会和张成的同学一样，希望能尽可能地压缩对方的"利益空间"？是不是在已经达到了自己理想目标时还要贪婪地说一句："我们希望你们能把报价再降低一点？"如果答案是肯定的，如果你总是表现出很大的贪心，不妨向张成学习，了解并守住对方的底线，以"双赢"为最终目标。毕竟这才是长久发展之计，否则只能做"一锤子买卖"。过度贪婪是谈判场上的一大雷区，千万不要因为踩上它而毁了自己的谈判。当然，我们说不可过度贪婪，并不是指对利益绝对的"大方"，而是指要在摸清对方底线的前提下尽可能地争取利益，但也要让别人有利可盈。

举个我们日常常见的例子，去买衣服的时候，只要稍有经验，相信你看到衣服的质地，大概也能估计出卖家的底线。一番讨价还价后，到了卖家的底线时，如果你还问他"价格能不能再低一点"，卖家肯定会怀疑你的诚意，甚至直接导致交易破裂。但是如果你能够探知到对方的底线，在接近对方底线时及时"刹车"，那么你就能用低廉的价格买到自己中意的衣服。

谈判也是一样，适可而止，本着"互惠"与"共赢"的原则促成合作才是谈判高手的选择。要知道，置对方于死地并不是什么好策略。

所以说，谈判场上，差不多的时候就罢手吧！太贪婪不是让你搬起石头砸了自己的脚，就是直接抹杀了二次合作的可能。

能说不一定占据主动，有时倾听更加重要

在谈判过程中，占据主动的一定是会说的人吗？不一定。有时候，能够把握沟通节奏的往往是那些善于倾听的人。

倾听是一门学问。在倾听的过程中，不但要清楚对方说的是什么，还要用最快的速度在对方的言语中捕捉到有利于和不利于自己的信息，将这些信息分类整理好，根据情况迅速做出分析，在头脑中形成一个大致的思路，然后找出应对的办法，最后做总结性的发言，这才是有效的倾听。这种有效的倾听将帮助我们表明立场，进退有据，顺利取得谈判的成功。

在美国有一位非常有名的谈判专家，参加过很多次重大的谈判，赢得了在谈判场上战无不胜的美名。因此很多人需要谈判时都希望他可以出面，帮助自己解决问题。

有一次，一位医生的房子在一场台风中被毁了，但是值得庆幸的是，这位医生为自己的房子买了保险，按道理他可以得到一笔赔偿金，但是具体的赔偿金额却需要他和保险公司双方协议商定。于是，这位医生找到谈判专家，希望他可以出面同保险公司商讨理赔的问题。

谈判专家问医生："请问您在这次台风中损失了多少呢？"

医生说："大概是 200 万美元吧，但是只要保险公司能赔给我一半，我就心满意足了。"

谈判专家知道了事情的大概后就给保险公司打电话，希望可以当面商谈。保险公司很快派来了一位代表。他与专家见面后不太自然地说："很荣幸认识您，先生。"专家看出了这位代表的不自在就想好了谈判的策略。

谈判开始，代表直接表明了自己的想法："先生，我知道您的谈判实力，可是像他这样的情况我们最多只能赔偿 80 万美元，您觉得怎么样？或许您觉得有些少，但是这种自然灾害是没有全额赔付的先例的，最高赔付比例也只是 40% 而已。"

专家笑笑没有说话，因为他从对方的话中听出了对方的意思，对方给出的价格连对方自己都觉得少，于是他等待对方的反应。果然，过了一会儿，看专家没有说话，这位代表有些不安地说："为了显示出我们保险公司的责任感和诚意，我们同意将理赔的价格提高到 100 万美元，您看怎么样？"

专家说："100 万美元？您是在开玩笑吗？被毁掉的可是整个别墅和屋里的所有财产啊，您认为这些只值 100 万美元吗？"

代表看到专家似乎有些生气，于是说："好吧，出于人道主义的考虑，我们公司同意将价格提高到 150 万美元。"

专家说："太少了，我们再看一下现场吧，损坏是彻底的，这个赔付金额实在不足以弥补损失。"

代表只得说道："那么 160 万美元吧，这是我们能给出的最高价格了。"

专家说："如果你们不打算付200万美元，我们是不会同意协议的。并且我们会向媒体控诉你们公司不负责任。"

代表听到这里很怕惹上麻烦，最后答应了专家的要求，双方最终以200万美元的赔偿金额达成了最后的协议。而这个结果远远超出了医生的预料，这是全额赔付，他认为谈判专家实在是太厉害了。

谈判专家说："其实这也是我没有想到的。但是对方在与我谈判中，不断用到如'怎么样''是不是''如果'之类的词语，于是我判定对方给出的金额与他的底线之间还有相当大的距离，谈判空间还很大，因此我才提出全额赔付。这要感谢对方将其底线说给我听。"

谈判专家非常好地利用了倾听的力量，他听出了对方话中总是出现"怎么样""是不是""如果"这样带有不确定性的词语，经过分析判断出谈判空间还有很大，这才非常强硬地说出了为己方争取利益的话。他一而再，再而三地说"得寸进尺"的话，并最终为己方争取到了最大的利益。

试想，如果谈判专家没有进行有效倾听，没有通过分析对方的话而得知谈判空间还很大，他还敢如此"得寸进尺"地说话吗？他还能为己方争取到最大的利益吗？恐怕早在对方答应给出100万美元时，就欣然同意了吧！

在谈判桌上，有效地倾听是非常重要的，它关系到你能否说出正确的应对之言。但值得注意的是，有效倾听不是单纯地听，更包含了信息收集、信息分析、信息判定的内容。比如，谈判专家发现对方频繁使用"怎么样""是不是""如果"等词语，就是信息收集；由此知道对方也觉得自己很可能不同意，就是信息分析；接着认为还有很大的谈判空间，则是信息判定。

总的来说，在谈判中，要学会有效地倾听，有了这个前提，我们的"说"才会更有效率，赢的把握才更大。

追问讲究分寸，不能三句话不离结果

谈判中有一大忌讳，那就是：三句话不离对谈判结果的追问。这既是一种不知分寸的表现，也是一种非常不礼貌的行为。虽然说谈判就是为了取得结果，但作为谈判者，你必须充分考虑对方的感受。

如果你在谈判中一味地追问对方谈判结果，连一个考虑与权衡的空间也不给对方，对方必然会觉得压抑。况且，虽然你是一个比较合适的选择，但对方仍有备选。即使跟你的谈判失败了，他也可以和别人合作。既然如此，他又何必要承受你给的压力呢？

吴明是个车险业务员。他这个月的业绩很糟糕，一连半个月都没有拿到一张订单。这天，终于有一位客户打电话来，说对他们的车险很有兴趣，希望吴明能过去跟他当面谈。吴明高兴坏了，立即动身去了。

见到客户后，他开始耐心地向客户介绍他们公司的车险。因为客户本来就有意愿，加上吴明的仔细讲解，他更看好这份保险了。但是，购买车险毕竟是一份不小的开支，所以他准备再考虑一下。

吴明不明白这位顾客的意思，他只想快点跟他签约，于是谈话刚结束，他就急着问："不知道我们什么时候可以签单？"

"我再考虑一下。"

"我们的车险是绝对划算的，您不用担心会吃亏。"

"我对你们的车险很满意，但我想再和我家人商量一下。"

"我觉得不用商量了，这么划算的车险，您还等什么？"

客户还是坚持需要一点时间考虑，吴明只好起身告辞，但他临走时还不忘问一句："应该没什么问题吧？"

客户微笑以对，没有做出直接的回答。

吴明离开后，客户出门去办事，不巧在电梯口又遇到吴明，本以为和吴明寒暄两句就可以了，没想到吴明继续追问道："您考虑得怎么样？应该差不多了吧？"

这让客户有点为难，他只好说："别着急，给我点时间。"这时，吴明已经让这位客户觉得很反感，客户礼貌性地笑了笑，然后立即离开了。

两天过去了，这位客户一点音信也没有。郁闷之余，吴明找朋友诉苦，朋友听他说完整个事情的经过后，惋惜地说道："你这性子也太急了，你干吗老问人家结果如何啊？客户都说了两天后给你回复，你就沉不住气？你想啊，要是有人向你推销东西，穷追不舍地问你购买意愿，你烦不烦啊？要是我，想买我也不买了，又不只有你这一家。"

吴明顿时恍然大悟，也后悔莫及。

本来吴明对这位客户的订单是势在必得的，但他却因为苦苦追问谈话结果而让客户避而远之。假如他能耐住性子，绕开"三句话不离对谈判结果的追问"这一误区，那他可能就能顺利接到客户的订单了。所以说，谈判结束时，不要苦苦追问结果。

我们不否认谈判要尽快知道结果，但是知道它的方式不应是"着急"，而应是"积极"。这两者是截然不同的。三句话不离对谈判结果的追问往往会踩到雷区，这样的人是"着急"，而非"积极"。他们迫切地想知道谈判结果，可能会直截了当地说："您看，我们谈的也差不多了，要不把合同签了吧？"或像事例中的吴明一样，不时地冒出一句："你考虑得如何？"更有甚者会直接跟在对方身后一直追问："相信我们的合作一定会很愉快的，不知道我们什么时候能签合同？"

与其这样，不如采用"积极"的策略。比如，谈判已结束，但结果尚不明确时，你可以说："不知贵公司意下如何，以上都是成文的合约，如果还有什么不明确的地方，我们可以再做商讨，共同解决。"你也可以说："可能我还有考虑不周的地方，欢迎您随时跟我联系，我们再仔细商量。""如果您还有什么要求，都可以跟我说，我尽量帮您申请到。"这么说，对方看到的是你解决问题的决心与合作的诚意，因而更愿意接受你的产品或要求，而不是心生反感。

当然，有的时候也要适当追问一下，你可以在谈判结束的时候和对方说："希望我明天能听到您的答复。假如您这两天比较忙，那我希望这周能听到您的好消息。"言语中给对方暗示一个期限，委婉地表达自己想知道结果的心情。但是，类似的意思表达出来就可以了，没有必要反复强调，更不要三句话不离对谈判结果的追问，以免招致对方反感。

掌握言辞博弈的分寸，别把话说得太绝

俗话说，商场如战场。利益相争的地方，往往看不见硝烟，却激烈得超乎想象。谈判也是一种竞争，人们往往为了利益，或唇枪舌剑，或暗里较量。为了赢得自己应得的利益，我们应该想办法掌握对方的弱点，针对对方的弱点进行言语攻击，往往会产生立竿见影的效果，成功为自己争取到利益。

值得注意的是，为了争取利益，言语犀利地攻击对方的弱点本无可厚非，但一定不可以说出将对方逼得太紧的话。即使手握对方的弱点，说话也不可咄咄逼人，而要懂得给对方留一丝余地，这样才能防止对方被逼急时做出"鱼死网破"的决策。

在谈判中，我们具体应该怎样做呢？下面例子中买家的说话方式很值得我们学习。

卖家原本在学校旁边开了一家小店，专门卖小饰品、漂亮文具什么的。由于她即将去别的城市定居，所以急着把铺子租出去，免得空着浪费。

这天，一位买家前来询问铺子的出租情况，卖家问她是不是诚心要包租，买家态度很诚恳，于是卖家便报了一个价，但是买家觉得有点贵，讨价还价许久还是无果，买家要求卖家重新报一个价，并对此做出一个合理的解释。

卖家心里想，既然对方诚心谈，那就说个合适的价，这样既有利于自己，也有利于对方。稍作思考后，她认真地说："如果你只是要租这个铺子，那我就3000元转让给你；如果你连这店里的东西也都要，那就3500元转让给你；如果你还想知道这些东西的进货渠道，那你就再付个渠道费，4500元转让给你。"

　　买家有点犹豫，没有立即做出回应。卖家见状，立即解释道："唉，我也是没办法，我儿子在上海定居了，他爸去世得早，现在我儿媳妇刚生完孩子，没人照顾。我这个当婆婆的，得去照顾她一段时间。"

　　买家听到这话，便知道对方急着出手，于是说："您看，您这么着急地转让铺子，一时肯定也找不着合适的人选，毕竟现在是暑假。您也别说4500元、3500元了，再低一点吧。"

　　卖家见买家抓住了自己的"把柄"，一时不知道该说什么，只好反问道："那你觉得多少钱合适？"

　　买家淡定地说："连铺子里的东西和进货渠道信息一起，2500元吧。"

　　听到这个价格，卖家心里勉强还能接受，因为以这个价格租出去，勉强能保本。但她还是希望能高一点，因为自己刚进了一批很不错的货，于是她假装有点生气地说："2500元你到哪里也租不到一个像样的铺子。不信可以到这附近去问问。"

　　买家看了看铺子，不紧不慢地说："您要是不着急的话，您也可以再等等，等到开学估计就有人3500元租下它。"

　　卖家一听这话开始着急了，因为自己这周就得动身走了，她立即问道："那你最多可以出多少钱？2500元太低了。"

　　买家见卖家的样子，知道她肯定是想尽快把铺子转让出去，于是又抓住她这一弱点说："就 2500 元。"

卖家无奈，只好说："那好吧，2500 元给你空铺。"

买家见她妥协了，更确定她急着转让铺子这一事实，于是立即阻挠说："其实您自己也估计得到，2500 元是很合理的价格，要是现在不租给我，您还得空在这呢，一分钱也没有。现在我 2500 元租下，对你也好，对我也好。不是吗？"

卖家无奈了，只好诉苦："你要这些东西，也想知道进货渠道，2500 元租给你，我不是倒贴钱吗？"

买家见卖家这样说，知道自己已经抓住卖家的软肋了，但考虑到卖家的利益，于是说："那我们都退一步，3000 元吧。"

卖家最终还是答应了，毕竟这个价钱自己不亏，还要比自己预料得好得多。

在谈判过程中，买家通过套话的智慧得知了卖家的弱点——急着转让铺子，于是她果断出击——"就 2500 元"，随后又用话挑明了对方的弱点所在，以期获得更多的利益。但是，在对方表现出为难后，买家没有一逼到底，而是说出了"那我们都退一步"的话，从而促成了合作，与人方便，也与己方便。谈判中，我们应该积极地与对方交谈，通过交谈探知对方的弱点，从而让言语直击对方的弱点，为自己争取到更多的利益。但是，在掌握对方弱点后说话更应该注意留一些余地，如此方可达成双赢的谈判结局。

在商海搏杀中，为了避免陷自己于被动、不利的位置，不妨让语言帮你一把。说话委婉，才能给自己留足后路；进退自如，才是赢得谈判，实现共赢的明智之举。

孙艳超是一名销售经理。有一天，他正在和一个客户谈生意，他的电话却不合时宜地响了。孙艳超看到是前一段时间成功签约的另一位大客户，碍于当时的条件限制，他没办法出去，只好当面把电话接起来。没想到，对方在电话里声称要废除已经签订的购买合同，态度非常坚决，似乎没有一点商量的余地。

　　孙艳超不知道面前的这位客户是否听到了对话，他不免有些紧张。毕竟，他此时受到的是双重压力，一方面要解决老客户的问题，另一方面还不能让新客户听出来其中的事情。孙艳超灵机一动，说道："您的意思我明白了，不过我现在正和一位朋友谈一件非常重要的事情，并且马上就要签合同了，现在真的没办法和您做太多的细节沟通。这样吧，稍晚两个小时，我给您回过去，可以吗？"

　　听到他这样说，电话那头也不再坚持，态度明显缓和了不少，同意了孙艳超的提议。孙艳超就这样暂时化解了尴尬，继续投入到与客户的洽谈之中并顺利签单。而经过了两个小时的考虑，之前的老客户情绪也平和了许多，不再坚持解除合同，而是决定将一些细节问题解决后与孙艳超继续合作。

　　如果换成我们，会怎么做？恐怕一些脾气急的销售员，早已在电话中强调不可能取消合同。是的，我们的目的达到了，毕竟合同是有法律效力的，哪能说解除就解除呢？可这样就会惹恼老客户，还会得罪新客户。试想，谁愿意和一个动不动就与客户争吵的公司签约呢？

　　而孙艳超就很聪明，他没有生硬地把话说绝，而是婉转地先拒绝对方在电话中沟通，明确说明此时有要紧之事需要办，这样一来，孙艳超就得到了双重机会，既可以让新客户听出来"我很重要"的意思，又巧妙地拖延了时间，争取老客户的回心转意。

如此，新客户就会心生好感，因此签约顺利许多；而老客户也得到了暂时平息情绪的机会，为重新商谈创造了条件。

这就是不把话说绝，婉转拒绝的妙处。商务谈判中，别图一时嘴快，也别轻易小瞧对方，即使对方不是你的理想合作对象，即使对方提出的某些要求很无礼，也要掌握言辞博弈的分寸，别把话说得太绝，留足后路。这样的你才会有更多胜算，才是真正深谙谈判智慧的高手。

越到最后时刻，越要保持足够的耐心

如果要为谈判者寻找一个可以激发他们潜能的内在动力，则没有比乐观更合适的了。乐观虽然只是一种态度，但它可以调节一个人的情绪，最大化地激活人的潜力，让我们在谈判桌上游刃有余。当然，光有乐观是不够的，我们还必须拥有耐心，因为谈判的过程难免会出现波折，没有耐心，乐观就很容易夭折。正如柏拉图所言："耐心是一切聪明才智的基础。"事实上，与耐心搭配起来的聪明才智如果发挥得当，就会在谈判桌上爆发出惊人的能量。乐观与耐心之间存在着密不可分的关系，因为乐观，所以更有耐心；因为耐心，所以会更坚定地乐观。

人们一般把谈判结束的时间称为"死线"，各方的底线和让步往往也都会在这个时候体现，所以这条"死线"对谈判的意义重大。大多数谈判者都希望通过软磨硬泡让对手屈服，这时就需要极强的耐心。最后一刻，谁的耐心更强，谁成为最后赢家的可能性就更大。

不管是在谈判桌上与对手激烈交锋，还是面对他人无礼攻击，我们都要耐住性子，不理不睬，到最后对方只会自讨没趣。有些经验丰富的谈判专家，越是在对手急不可耐的时候，越能让自己变得冷静，因为他们知道这个时候最关键。对方的心急如果起不到效果，则势必会反伤他自己，而你的冷静就是对手最不愿看到的局面。只要做到这点，即使其他什么都不做，也可以让对手方寸大乱。

耐心或许是最容易做到的事情，因为并不需要你额外多做什么，更多的时候只需要你安静地坐在那里静观其变就可以；耐心也可以说是最难做到的事情，因为没有什么比内心的煎熬更令人坐立不安。其实，谈判本来就不是一件轻松的事情。试想一下：对方凭什么会接受你提出的条件呢？但是，世界就是如此奇妙，有时候并不需要你做额外的工作，对方的情感和态度就会发生转变。

　　所以说，谈判的时候，只要你付出了全部的努力，对待结果顺其自然就好。当然，如果你是抱着悲观的心态来看待，好结果对你而言就纯属运气；如果你是抱着乐观的心态来看待，好结果对你而言就是必然。

第 七 章

家庭分寸感：
再亲密的人也需要独立的空间

奉献要有度，爱情中也要有自己的意见

我们都知道，爱情是关心，是理解，是尊重，是责任……爱情是一种奉献，而非索取。没错，奉献是爱情的真谛。但很多人却没有掌握好"奉献"的分寸，误以为要想维持爱情，就得每时每刻都无私奉献。

刘莉莉和李晨彭是一对夫妻。当初谈恋爱的时候，小李很有异性缘，是刘莉莉主动放下姑娘的矜持追求李晨彭。

刘莉莉的收入不错，比李晨彭还高一点，但她从来舍不得去商场给自己买衣服。如果去商场，必定是帮李晨彭挑衣服。李晨彭本来长相就不差，再被刘莉莉一打扮，越发帅气有吸引力，刘莉莉也因经常听到有人夸自己的男友帅气而自豪。但是，她自己从来舍不得在商场买衣服，就那几件旧衣服翻来覆去地穿，实在没得穿了，她就去地摊上或网上淘便宜货。

在家里，刘莉莉更是什么家务都不让李晨彭做，买菜、做饭、洗衣、拖地她一手包干。李晨彭可谓是衣来伸手、饭来张口，闲了就看电视、打游戏，无聊了就找哥们儿去喝酒。一次，刘莉莉生病起不了床，让李晨彭给自己烧点热水，可他都不知道烧水壶在什么地方！

最让人担心的是，刘莉莉单身时是一个很有性格和主见的姑娘，

自从和李晨彭在一起后，变成了完全没脾气、没主见的"三从四德"型女人。

刘莉莉的父母有一套旧房子，给了刘莉莉。

刘莉莉当时想：那套房子在市中心，租出去房租收入不低，而且有传闻说那地段要拆迁，怎么算都是租比卖划算。

李晨彭却觉得把房子卖了，他们立刻就拥有200万元现金了，生活品质将会提升不止一个档次，所以极力建议把房子卖掉。

关于卖房这事，刘莉莉的父母和朋友都劝她不要卖。大家都说现在房价不算高，不管是等着拆迁，还是过几年再卖肯定比现在出手划算。她父母则更直接，说如果那房子不卖，就是刘莉莉的个人财产，即使将来和李晨彭分开，房子也是刘莉莉未来生活的保障。如果卖了，就什么都没有了。所以父母坚决反对刘莉莉卖房。

但是，李晨彭一个劲儿地劝说刘莉莉卖房子，说人生苦短，要提前享受生活，还说现在把房子卖了是如何如何划算。于是，"三从四德"的刘莉莉就真的把房子卖了。

有了200万元，李晨彭拿着这些钱开了一家小店，随后又折腾来折腾去，可生意还是亏了！差不多一年时间，那200万元就没剩多少了。最后李晨彭无奈把店盘出去了，所剩钱财只有20万元了。

刘莉莉市中心的一套三居室，仅一年时间就变成了20万元现金。那间小店真是亏了吗？未必见得。有人告诉刘莉莉李晨彭盘店是假，把钱合理转入自己账户是真。

在李晨彭开店期间，刘莉莉怀孕了，怀孕初期反应非常强烈，几乎是吃什么吐什么，难受得不行。李晨彭拍着胸脯很男人地对刘莉莉说："你都吐成这样了，还上什么班，把工作辞了。我现在手里有铺子，养得起你。"

刘莉莉刚开始不同意，说小店刚开张，还没赚到钱呢。而且医生说了，孕初期反应属正常现象，一般一两个月就好了。把那么好的工作辞了，将来再想找同样的工作可就难了。

李晨彭又不高兴了，说："你不相信我的能力？放心好了，我还能让你们母子喝西北风不成？"总之，李晨彭坚持让刘莉莉把工作辞了。于是，刘莉莉又在众人的反对声中把工作辞了。

事情到这里就结束了吗？不，如果你这样想就太天真了。刘莉莉把工作辞了在家里安心养胎，李晨彭则掌握了家里的所有经济大权，李晨彭究竟把钱用在了哪里？刘莉莉也不知道。当刘莉莉挺着七个月大的肚子在家做饭的时候，一个年轻的小姑娘找上门来，这时她才恍然大悟！但是为时已晚！

最后，刘莉莉拿着20万元离开了李晨彭……

每每说起往事，刘莉莉都是一把鼻涕一把泪。"早知道，我就不听他的把房子卖了；早知道，我就不听他的把工作辞了；早知道，我就不打扮他，把自己变成累死累活的黄脸婆……"所谓千金难买早知道，世上从无后悔药！

真正的爱情需要奉献，但不是盲目奉献。如同父母对待孩子，要爱他，还要教育他、管束他，教会他懂得感恩和回报。

同样，在爱情中，不管是谁爱谁多一点，切忌不要丢弃自己的思想与主见，损失自己的人格来讨好对方，这不叫奉献，这叫谄媚。比如有些姑娘，为了留住那个不太把自己当回事的男人，轻易把自己奉献给对方。当你把自己放在一个过于谦卑和低微的位置上，非但得不到对方的喜欢，甚至连起码的尊重和珍惜都没有。一旦他遇到更合适的人，就会毫不留情地把你一脚踹开，这是必然的结局！

婚姻哪有完美，不要无休止地要求伴侣

女人天生爱幻想，特别是在面对婚姻时，往往幻想会如童话中的王子与公主一般从此过上了幸福快乐的生活。童话故事中演绎的婚姻景象却与现实生活存在着莫大的差距。我们用来形容美满爱情的词汇有很多很多，比如，青梅竹马、夫唱妇随、两情相悦、比翼双飞……但是这也未免过于理想化了。

人无完人，你的另一半也是这样。婚姻幸福的关键不是你能否寻找到一个完美的人，而是你是否能够包容对方的不完美，和对方达到心灵上的契合。在恋爱中，双方就应该明确这一点，你们都不是完美的人，在步入婚姻之前的磨合期，你们就应该清楚地了解双方是否能够针对"不完美"加以包容，逐步自我改善。其实婚姻就如同共同经营的一项事业，是蒸蒸日上，还是破产倒闭，最关键的还要看双方如何去经营。

千万不要指望婚姻能解决一切问题，婚姻能让一个人变好。比如，男人婚前从不陪你逛街，借口总是工作忙或为了能让你将来过上好日子，于是女人就以为结婚后他一定能陪自己；男人婚前嗜烟、嗜酒如命，于是女人又以为婚后他一定会为了自己和孩子放弃这些"不良嗜好"；男人婚前从不做家务，女人总是以为他在父母身边待久了，习惯了不问家事，结婚后有了自己的家自然就会承担起责任来……

若事实果真如女人们所幻想的那般，就不会有那么多怨妇和家庭纷争了。

阿琴在婚前就发现男朋友是个花钱大手大脚、死要面子活受罪的人。但是那时她认为男人哪有不要面子的，再说一个连面子都不要的男人也不值得自己去爱。因此，当男朋友拿着钻戒、玫瑰花向她求婚时，她觉得自己就是世界上最幸福的女人。

令阿琴没有想到的是，薪水并不丰厚的丈夫在婚后还总是对一些奢侈品情有独钟，从数码产品到衣服、鞋帽，无不要求名牌傍身。到了婆家一看，她更是被吓了一跳，公婆虽是普通工薪阶层，却也挥金如土，甚至连浴室的拖鞋也是国际大牌的。

家里需要添置一台洗衣机，她去和丈夫商量买一个，丈夫却说没钱，等等再说。也是这时，她才发现丈夫居然连一分存款也没有。阿琴生气之余，更多的则是对自己未来生活的不安。婚后两人的战争也开始点燃，总是为一些柴米油盐、鸡毛蒜皮的事情吵架，而所有这一切的导火线就一个字——钱。

阿琴又是后悔，又是伤心。当初恋爱时，丈夫总是为自己买贵重的礼品，那时她觉得丈夫舍得为她花钱，是真心爱她。而如今她却觉得丈夫大手大脚花钱，是不顾家，不会过日子，对家庭没有责任感……

吵吵闹闹中，阿琴的婚姻走过了七个年头，但是丈夫"乱花钱"的习惯却没有丝毫改变，无论她如何不满，丈夫也并未有所收敛，反而弄得负债累累。而他们也因承担不起房费，不得不从原来的年租房搬到了月租房里面。

原以为婚姻能够唤醒丈夫的责任心，也能改变丈夫的生活习惯，没想到一切都已落空。如今，阿琴只有一个想法，那就是和丈夫离婚。

其实，婚姻成功的关键在于婚前的选择和婚后的经营。和爱情相比，人们厌倦婚姻的原因是它太无所顾忌。

台湾作家三毛说："爱情如果不落实到穿衣、吃饭、数钱、睡觉这些实实在在的生活里，是不容易天长地久的。"婚姻是人与人之间最深刻的关系，它是爱情的升华，它既是两个独立存在的个体，又是两个人之间精神与肉体的合二为一。两个半圆拼在一起才算是圆满，换句话说真正成功的婚姻就是两个不圆满的人互相包容结合的结果。

有人说婚姻就是一堆琐碎的事加上两个相看生厌的人。倘若你没有做好任何心理准备来承受生活中的一切琐事，那么你最好还是要慎重地考虑，切勿盲目迈进婚姻的大门。

记得有一位聪明的母亲这样问将要步入婚姻的女儿："你可以接受你未来的丈夫所有的习惯、能力和人品吗？你是否能够接受你未来的丈夫现有的所有缺点？若他在结婚之后没有任何改变，你是否会一如既往地爱他并且丝毫不后悔？如果你的答案是肯定的，我同意并且祝福你们的婚姻。"

她的女儿认真地考虑了很多天后，对妈妈说："我确信自己不会后悔。"所以她明确地告诉妈妈自己决定结婚。

其实我们更应该相信这句话：婚前选你所爱的，婚后爱你所选的。即使出现矛盾，也要多想想对方的好处，只有持这样的心态才能让你的婚姻走向幸福。缘分是天意，不珍惜，就不会天长地久。

彼此的宽容，是构建幸福婚姻的基础

著名作家列夫·托尔斯泰说："幸福的家庭都是相似的，不幸的家庭各有各的不幸。"幸福就是即使两人对坐无语，也不会觉得无聊；幸福就是彼此打电话，不需过多的语言，只为听到对方的声音。有人认为幸福很简单，粗茶淡饭就可以快乐每一天；有人则认为幸福很复杂，锦衣玉食也有操不完的心。

幸福的家庭是由幸福的人组成的，只有幸福的人才能说出幸福甜蜜的话语。而幸福的话语传递的是一种爱，让我们身边的朋友感受到我们的爱，就可以让更多的人也融入我们的幸福中，被爱包围，我们才能做好人生中的其他事情。

1918 年，17 岁的梁思成认识了 14 岁的林徽因，他们两人的父亲是朋友，早早就定下了这门亲事。在 1928 年，两人步入了婚姻的殿堂。

林徽因是当时著名的才女，身边不乏大批追求者，徐志摩也是其中之一。但是梁思成却泰然处之，没有让自己心中的妒火毁掉理智。

1931 年，徐志摩发生了坠机事件，梁思成主动赶往现场替徐志摩料理后事，体现出了一个男人的大度与宽容。

1932 年，梁思成和林徽因搬到了北总布胡同，金岳霖是他们家后院的邻居。有一天，林徽因告诉梁思成，她同时爱上了他和金岳霖两个人。梁思成想了一晚上，认为自己缺少金岳霖那样的哲学家头脑，自己不如金岳霖。

第二天早上，梁思成对林徽因说："你是自由的。我既然爱你，就要给你足够的自由。如果你爱我，就算离开了，也会再回来；如果你不爱我，就算我强求，也是没有用的。"

林徽因找到金岳霖，把梁思成的话转告给他，金岳霖说："梁思成能说出这样的话，证明他是真心爱你的，他不希望你受到任何委屈，所以他才会给你自由，我不想伤害一个真心爱你的男人，我退出！"

最后，三个人成为好朋友。梁思成从来没有因为忌妒而失去包容之心，他对林徽因的爱不仅博大，而且深沉。金岳霖自此之后终生未娶，等到他八十多岁去世时，为他送终的却是梁思成和林徽因的儿子。

夫妻双方需要的是理解，是相互体谅。恋爱的热情和温度是极其短暂的，如果我们过于追求新鲜刺激，只会适得其反。

幸福的话语来源于一个人心底幸福感的释放，如果我们没有察觉到幸福，就很难把幸福的感觉表达出来。人生是一段漫长的旅程，行走中的我们不要忘了欣赏路边的风景，更不要忘了时刻体察幸福。想要用幸福的话语感染别人，我们首先应该让幸福住进心里。

有一对老夫妻，他们本来是风马牛不相及的两个人，因为包办婚姻走到了一起，而且一走就是一辈子。

老奶奶和老爷爷是一个村的，老爷爷由于家里条件不好，而且肤色较黑，到了 30 岁还没结婚。

那时候，老奶奶的父亲生病了，老爷爷就东奔西跑，为她家忙里忙外，老人被老爷爷勤劳质朴的心打动了，觉得如果把女儿嫁给他一定能得到幸福。

但是老奶奶根本就不同意，她觉得老爷爷不仅长得黑，而且年龄又比她大得多，为此她每天都闷闷不乐，哀哭好久才会去睡觉。但是老奶奶顶不住家里父母的压力，只得同意了这门亲事。

没想到，本来不可调和的矛盾也会峰回路转，随着孩子们的出生，两人的感情渐渐好了起来。老奶奶逢人就夸赞老爷爷说："我家老头子，人聪明，又能干，有了孩子之后更是拿出了当爹的样子，我还有什么不满足的呢？"

老爷爷见老奶奶每天都很高兴，自己也不禁喜上眉梢："这家里家外大大小小的事都是老太太张罗的，别提有多好了！"

老奶奶不住地夸赞老爷爷聪明勤劳，夸赞的时候，表情中还会流露出崇拜的目光；而老爷爷说起老奶奶，也是非常高兴，说老奶奶是家里的顶梁柱，每件事自己都要问过她才肯放心，嘴角不时洋溢起幸福的笑容。

这对老夫妻的婚姻无疑是幸福的，他们爱情观的转变是从互相欣赏开始的。我们不应该吝啬我们的赞美，有时候，一句简单的赞美就会让对方心里有了幸福的滋味。能够在茫茫人海相遇、相知就是一种缘分，能够携手走进婚姻更是一种幸福，既然牵了彼此的手，就要一起肩并肩走完这一生。

网络上曾经流传过一个幸福的顺口溜："幸福就是猫吃鱼，狗吃肉，奥特曼打小怪兽。"其实，幸福没有我们想象得那么复杂，它是我们由内而外发出的一种满足感和愉悦感，这种幸福的情感可以让我们受用终生。那么，在婚姻中，我们应该如何获得幸福呢?

1. 遇事多沟通，不独断专行

一个完整的家并非由一个人组成，还有伴侣、孩子。每个人都是这个家的重要一员。因此，遇到任何事，我们都不要有太强的主观意识，或是独断专行，应该多与家人商量，谈论出一个共同的决定，这样才不会产生矛盾，家庭生活才会幸福美满。

2. 幸福需要相互体谅和宽容

谁都有自己的脾气，谁都有不愿回忆的过去。世界上没有完美的人，更何况是伴侣。因此，想建造一个幸福的家庭，就需要相互间的体谅和宽容。像我们上述的案例所说，若是没有梁思成对林徽因的宽容，又如何有后世被人称道的郎才女貌的幸福佳话。

3. 相互称赞，发掘对方身上的闪光点

赞美是这个世界上最美妙的语言，在婚姻当中，赞美更是家庭幸福的黏合剂。因此，千万不要对伴侣吝啬你的赞美。对方有一分好，你就要夸出三分来，这样就会收获到对方更多、更浓的爱意。

两个人在一起，从来都不会合二为一

两个人在一起，从来都不会合二为一，谁都有自己的思想和考虑。两个人需要更多地了解，更多地沟通，这样才能增进夫妻之间的感情。

良好的沟通技巧可以增进彼此之间的了解，让夫妻双方在舒畅的心情中达成共识。

需要我们注意的是，沟通并不只是简单地表达自己的想法，如果双方产生不了共鸣，最终结果只能是不欢而散。在夫妻相处的过程中，一般人常会抱怨、批评对方难以沟通，认为丈夫或妻子根本就不了解自己，因而产生诸多争执。

其实这是因为我们把整个心思、注意力全集中在自己这里，却忘了站在对方的角度去替对方想想。还有，很多夫妻都会认为，既然已经是夫妻，就非得弄清楚对方的过去，这种观点其实是错误的。因为如果彼此的诚实让对方听了之后更难过，这对维持夫妻感情是毫无益处的，有时候还会产生不必要的麻烦，让双方心里都不好受。

最常见的夫妻沟通困难是他们认为彼此不用说，对方就应该心领神会。我们经常见到这样的夫妻，基本感情是好的，但是总在沟通上产生问题，从而让夫妻间的亲密关系受到影响。

一对夫妻在恋爱阶段，看对方优点多，而结婚以后，在一起生活的时间长了，缺点会逐渐暴露出来，矛盾也就时有发生。

夫妻之间多些沟通才能将彼此的信息传递出来，让对方清楚发生了什么，双方共同面对所发生的事情，一起商量处理事情的办法。有的夫妻缺少沟通，对于自己的意见没有信心坚持，还有的夫妻一开口就掐上了，沟通立刻就变成了带有攻击性的吵架……这都与夫妻间沟通混乱有关。因此在夫妻生活中，要注意说话的艺术，说什么、怎么说尤为重要。

一位刚上任的某大公司董事长称，他找到了清除心理紧张的方法。他说："我根本不用靠打高尔夫球之类的方式放松，我消除紧张的方法就是直接回家。为什么这样说呢？因为我回家以后，应和着我太太和孩子们七嘴八舌的说话，虽然并没有完全听进去，但我的紧张就消除了。在我看来，家庭就是放松身心的地方。女人的闲聊可以让你的身心得到放松。"

在夫妻生活中，有时就对方的事业进行一些沟通往往会有意想不到的收获。

在一场聚会里，成功策划了一本畅销书的负责人正得意扬扬。这本书的销量真可以用"惊人"二字来形容，不管在哪个城市都占据了排行榜的第一名，他靠着一本书就进入了富翁的行列。

有人向他请教道："您策划出这本畅销书的灵感源于哪里呢？"他的回答很叫人震惊："灵感源于我的太太，她才是真正的幕后英雄！她给了我一些好点子，告诉我时下卡通画最流行，孩子们都喜欢电子游戏。所以我就策划了一本书展现出来，正好弥补了市场空白。"

他的情报竟然源于妻子，能够想出这么绝妙的图书策划案，显然他和妻子的沟通很重要。

　　听完这一席话，恍然大悟的我们细细回想一下，类似的例子还有很多。我们不必刻意效仿上述故事中的主人公，不过，在开始新计划的时候，一定要和伴侣商量。这并不是说要伴侣想出什么奇思妙招，而是可以将已经做好的计划跟对方分享一下，说不定可以从对方那里得出什么"新点子"呢。

　　每个人的心里都有一个感知对方情意的"爱箱"，我们每天都要把爱放进这个"爱箱"中储存。除了要通过语言表达对对方的感激之外，举手之劳一样能让对方心生温暖，比如主动帮他倒杯水、削个水果等，点滴的付出对方都会看在眼里，记在心上的。

再亲密的关系，也不能用直白的话语刺痛

　　夫妻之间说话也要转转弯，同时也要渗些爱意的成分。你是否知道自己经常在接受"他"的考试？而且是以各种不同的方式？当男人问他的妻子："如果我调职了，我们要搬到别的地方去住，该怎么办？"妻子的反应多半是："什么？搬到别的地方去住？我跟佳佳做了十年的邻居，还在楼下办了健身卡，我才不要搬家呢！"其实他想听的是："没事的，亲爱的。不管住在哪儿，只要我们在一起，我就高兴。"这样的一句回答顿时会使满屋都升腾起爱意，充满甜蜜的味道。一个男人只要体会到真正地被爱，他会为了心爱的人尽其所能地做出最好的决定。男人还喜欢提出的问题是："要是我升职失败该怎么办？"妻子们最常见的反应是："为什么问这个问题呢？""别这样嘛！""你说过你肯定会升职的呀！""啊呀，要是你升不了职，孩子的学费怎么办？"或者是"要是升不了职，你就冲进上司办公室告诉他你绝对够格！"而男人真正想听的是："那有什么关系，日子过紧点就没事了。我们在一起才是最重要的，亲爱的，我爱你。"

　　有位朋友在先生失业时的回答正是如此。在最后面对整个经济崩溃的时候，她的先生几乎没有一天不问这句话："要是我找不到工作怎么办？我们该怎么生活？"而她在发觉自己的家庭财政已经濒临困境时，设身处地地感受到了先生的忧愁。她对先生说："我们开始的时候本来就什么都没有，现在又可以重新开始了。只要我们同心

协力就一定能够渡过难关。"她后来回忆说："凭着我这一点点的支持，先生的态度也变得温和起来，就像找到了对抗逆境的动力。"这位朋友说："现在，先生每每回顾起那些艰苦的岁月都会拥着我，告诉我当年我的爱和那份执着对于他的意义有多大，替他解除了多少压力。"要爱就应该"爱他的本色"，这项原则被这位朋友发挥得淋漓尽致，应用得也正是时候。

还有一位女士回家后，她丈夫焦躁地对她说："我开始秃顶了，你看，头发越来越少。"她一把搂住他说："那有什么关系，我爱你。不管有没有头发，我都觉得你是最英俊的男人。"其实，这位丈夫的问题就是一项考试，假若她这么回答："哦，你可以去做毛发移植嘛，现在很普遍的，价钱也不算太贵。"更糟的情况是，假如她笑得支支歪歪地说："真不敢想象你秃顶的样子，太可怕了！"她不但没有说这些话，反而向丈夫再一次证明她的爱，而丈夫自然会以亲吻和绵绵的情话作为回报了。

还有一位女士说她觉得丈夫只有在屋子里一尘不染时才爱她，而她真正希望的却是他爱她在先，然后她才有打扫清洁的力量。有时候被爱在先的感觉的确很重要。如果因为做些什么或是有些什么才被爱，那任何人的感觉都是"被利用"，而不是"被爱"。爱应该是无条件给予和不求任何回报。应该这么说："爱你，因为是你；生命中能够有你是多么幸运！"

掌握好婚姻中幽默的分寸，爱情才会美好

那些足够幽默风趣的人，总是能够让自己的恋人陶醉在爱河之中。但对初相识的人，一定要慎用幽默，把握好幽默的分寸，只有双方关系足够亲密之后，才可适当地使用幽默来调节气氛，这样才能取得更好的效果。

一对恋人相爱很久，感情非常深。一次，他们一起看话剧，可第二幕还没有开始，男孩就一本正经地对女友说道："还是别看了，咱们哪有那么多时间等啊！"女孩十分疑惑地说："精彩还在后面呢，咱们又没有急事啊！"男孩指着字幕说："你看看，那不是说第二幕在一年后才演吗？"女孩笑着轻轻捶打男孩。

假如男女相识不久，第一次约会看话剧，也来这么个幽默，对方一定会觉得那个男孩很不正常，或是认为他太幼稚做作了。

有一对恋人到商场去买兔皮大衣，女友非常喜欢那件黑色的兔皮大衣，但又担心它不能适应雨雪天气，于是便问男友："它会不会怕雨雪啊？"男友十分幽默地说："当然不会，你看过哪只兔子下雨打伞啊？"此话一出，把女友和服务员都逗笑了。服务员还一直夸女孩的男友聪明风趣，这让女孩感觉很有面子，由此也加深了对男

孩的感情。反之，若是与女孩刚认识，这样说就有可能让女孩误认为男孩不够稳重、成熟，即便是服务员一直夸奖男孩，她也会对他慎重考虑的。

处于热恋之中的人，要记得多利用幽默来给爱情加温，这样能营造出轻松愉快的氛围，使感情生活更加富有情趣。只要你能挑动幽默这根弦，便可以和你的恋人奏出一曲和谐的乐章。

一位历史学硕士研究生，在热恋之时仍然手不释卷地用功读书。为此，女友十分不满地说："祈求上天让我也变成一本书。"

硕士疑惑不解地问道："为什么啊？"

女友回答："那样你就会整日整夜地把我捧在你的手上，让我进入你的心里了。"

硕士见状，赶紧打趣地说："那可不成，要知道，我每看完一本书都要换新的……"

女友急了，说道："那……那我就变成你书桌上的古汉语词典！"

说完此话，她自己也不禁笑了起来。

宋代文人秦观与苏东坡的妹妹苏小妹曾有不少作诗联对的趣事，也可作为爱幽默的好例子。

入洞房之前，苏小妹故意刁难秦观，便出上联"推门拥出天上月"，这下可把才子秦观难住了。此时，苏东坡急中生智，将一块石头投入池中，秦观顿时领悟，马上接出下联"投石冲开水底天"。

这种技巧型的机智幽默是很耐人寻味的。当恋爱到了一定程度，两人就会结婚。因此，洞房花烛时不妨幽默一下，给婚姻生活来个意味深长的开头，给幸福生活留下永远美好的记忆。

婆媳之间，更需掌握好那点分寸感

　　母亲和媳妇是男人生命里最重要的两个女人，她们都深深地爱着同一个男人，一个拥有这个男人的前半生，一个包揽这个男人的后半生。也正是因为这个男人，两个女人从素不相识成了有缘的亲人，相互之间如果有一些不适应也是很正常的。虽说婆婆是自己的长辈，可要和这个长辈温馨融洽地相处并不是一件简单的事情。很多年轻女孩结婚的时候，最担心的不是和自己的老公相处不好，而是怕和婆婆合不来。有人把婆媳关系比作是一对冤家，常言道："不是冤家不聚头。"婆婆和媳妇要想和睦都需要掌握相互间的那点分寸感，要懂得适应和忍让，也需要磨合。所以为了家庭的幸福，为了你深爱的男人，能让一步就让一步吧，既然都是疼爱一个人，又何苦相互为难呢？

　　生命中总是充满着无数的机缘巧合，婆媳关系就是这样一对奇妙的女子组合。世上的男人不少，你却因为与他之间的缘分而成了他妈妈的半个女儿，两个女人由不同的家庭变成了一家人，你要朝一个原本和你毫无血缘关系的女人抬头叫一声"妈"，是她给了你一个最爱的老公，赐予你一辈子的幸福，这难道不是缘分吗？我们若是待婆婆像待自己的母亲一样，必定会得到老公和婆婆共同的疼爱，双方都得到了一个开心果，不是一件很好的事情吗？然而，很多人却和婆婆相处起来很困难，觉得老太太的嘴太厉害，说话太难听，总是得理不饶人，当儿媳妇就是受气。这不禁让人感到婆媳关系真的是一碗不好煲的汤，说不清谁对，也说不清谁错，酸甜苦辣都在里面。要想将这碗汤煲好，不仅要掌握好火候，还要随时留心。其实，"本是同根生，相煎何太急"。婆婆与媳妇都是女人，既然都知道做女人的不容易，都想让同一个男人生活幸福，又何苦互相叫板呢？

婆媳经常闹矛盾很容易伤害到彼此之间的感情，甚至影响到夫妻之间的生活。日子长了两个女人好像成了仇人，这时候夹在中间的男人才最苦恼，一会儿哄哄这个，一会儿劝劝那个，却怎么也解决不了实际的问题，两个女人还是各执一词，不肯低头。婆婆总是说儿媳妇目无尊长，儿媳妇却将婆婆刺激自己的话记得一清二楚，两个人互不相让，非要争出个高下才算了事，眼看事情交涉不清，两个冤家各说各的道理，搞得男人在两人中间受夹板气。类似这样的事情真的不在少数，时间一长，男人开始独自郁闷起来，他找不到家的温暖，一推开门就要面对两个女人你一言我一语的争吵，这种冲突已经成为一种恶性循环，不知道什么时候才是个尽头。

自古以来，婆婆与媳妇的矛盾就是一条很难逾越的鸿沟，有多少相依相伴的情人在彼此的感情上没出现任何问题，却在婆媳关系上不知如何处理，甚至闹到离婚收场。所谓"婆媳"其实是一种现实生活中人际关系的延伸，表面上，婆媳问题只是女人之间的小隔阂，其实这也是女人与男人的问题。婆媳关系首先就是因为一个男人而成立的，然而正因为有了婆媳关系，两个人的婚姻就要受到一番考验。

小晴和男朋友王朗谈了四年恋爱，两个人的感情之船在汪洋大海中一直稳步行驶。在小晴的眼中，王朗是一个心很细，特别会关心女孩子的男人，经过四年相处，王朗正式向她求婚，还要她和自己一起去见父母。这让小晴欣喜不已，于是两个人手牵着手，来到了王朗父母的家。

　　一推开门，小晴就看到了一个板着脸孔的严肃女人，脸上没有丝毫微笑，王朗向小晴介绍说这就是自己的妈妈，看到面前的这个女人如此冷漠，小晴不由得心生失望，但还是努力赔上笑脸叫了句："阿姨好！"两个人坐了下来，王朗的妈妈开始问小晴问题，家在哪儿，学历怎么样，工作怎么样，会不会做家务。这让小晴觉得自己好像在被调查户口，经过一番询问后王朗的母亲总结道："也不过如此嘛！我们家王朗长得又高又帅，有很多女孩子都喜欢他呢。"听了这话，小晴差点被气得晕过去。于是她站起身来说："阿姨，我还有事，先走了。"看到小晴一脸不高兴，王朗赶快追了出去，对小晴拼命解释道："小晴，我妈今天心情不好，平常她不是这样的……"最终爱情的力量战胜了一切，尽管小晴觉得和王朗的母亲有些合不来，但她还是因为深爱着王朗而甘心嫁给了他。

　　然而婚后的生活对小晴和王朗来说一点都不轻松，原因并不在他们自身的感情上，而是在小晴和婆婆之间尴尬的关系上。起初小晴觉得事事让着点婆婆就没事了，但是时间一长她却被婆婆一次又一次过分的言语激怒了。譬如："这么大了也不知道要孩子！""我们家王朗怎么娶了你这么个不会孝顺老人的媳妇！""你到底会不会做饭，什么都不会做，你的父母是怎么教育你的？"……一连串刻薄的话充斥着小晴的心。她只得等王朗回来向他诉苦，起初王朗还尽力在她们中间左右调和，可没想到越调解越乱。婆婆经常无理取闹，让小晴觉得结婚没有任何乐趣，她实在没办法忍受这备受煎熬的日子，即使心里放不下丈夫，也不得不向王朗提出离婚："既然我没有办法让你妈妈满意，与其这样无休止的争吵让你为难，我们还不如趁现在没有孩子赶快分开，对于大家来说都是种解脱。"王朗则欲哭无泪。

　　在我们的日常生活中，小晴这样的例子比比皆是，婚后两个人的情感关系没有出现问题，可是婆媳之间却闹得不可开交。说到这里你一定不由地感叹，做媳妇真难，婚前要被婆婆审核，婚后要被婆婆改良。但深思一下，婆婆也很不容易，担心儿子遇人不善，所以婚前要严格考核未来的儿媳，儿子结婚后又担心他会娶了媳妇忘了娘，所以又十分关心儿子的生活。由此看来这两个女人都是很不容易的，如果能多一些理解和关爱，少一些偏见和争吵，再多的矛盾和困难也会因彼此的谦让而烟消云散。

别让婆媳问题，变成针尖对麦芒

当婆媳问题成为幸福婚姻的拦路虎时，不明智的媳妇常常会和婆婆针尖对麦芒，在家吵完不解气，还要跑到别人面前悉数数落一番婆婆的不是，仿佛自己是世界上最委屈的人。可是等到你一吐为快之后，你会不会发现老公没有以前那么体贴了？婆婆更是不愿意来你家了？周围的邻居也对你有看法了？所以，聪明的媳妇，就不要说婆婆的坏话，就算她再不好，她也是你老公的亲妈，你在别人面前说婆婆的坏话，让你老公的面子往哪儿放呢？如果说婆婆坏话被传到老公的耳朵里，那后果更是糟糕。

刘太太算不得蓬头垢面，但是个人卫生不太讲究。头皮屑多得让人不想往她头上看第二眼，衣服廉价低档不算什么，可是基本上穿出来的都是皱巴巴的。有时候，她因为起晚了，不洗脸就去上班。路过她家门口都能闻到一种怪味。这些绝对不是杜撰的。

有次她老公生病住院了，同事们纷纷前来探望，她老公竟然说出了这样的话：医院比家里干净多了，我才不想早出院呢。

不拘小节的人应该都很好伺候吧？可是，从婆婆来了以后，她就常常向身边的人发牢骚："我根本就咽不下我婆婆做的菜，不知道她放了多少盐进去！""陪孩子看电视，就直接穿着外衣坐到我床上去，衣服上的灰不都落到被子上了吗？""洗衣服用的桶里经常有沙子，你说哪来的沙子呢？真搞不清楚她怎么弄的！好几个桶摆在那里，还偏要到我卫生间里拿，说了几次还是这样！""我用手摸一下茶几，全是灰啊！她就应付差事！""咳嗽的时候都不知道回避，对着我和孩子就直接咳嗽，一家人都被传染了感冒！"……两个月后，她婆婆回了老家。

孩子刚刚一岁的尤园也是如此。她是个比较爱干净的人，因为工作忙，请婆婆来帮忙带孩子。

没多久，她就经常对身边的人说："我婆婆真怪！我买了水果，怕她不好意思拿，还特意放到她房间。可是，我在的时候她不吃，我不在的时候就吃得快！""真不会做事！小孩子玩得浑身都是汗，也不知道给他换换衣服，一着凉就感冒了！""我老公不在家的时候，她就不舍得买菜，老公在家的时候，她就会买很多菜！她眼里只有儿子、孙子，哪里有我这个儿媳妇啊！""我要是哪句话说错了，她就故意把菜烧咸，根本没法吃啊！""我问过了，她每天买那点菜用不了几个钱，我给她的菜钱都用不完，可她还是每天朝我要钱，总说菜钱没有了。其实我老乡看到后都告诉我了，她拿剩下的那些钱去超市买了零嘴，尽挑好的买，一般的她还不吃呢！"

为人妻子，若是能够以退一步海阔天空为原则，只要男人不是很笨，自然会明白你的良苦用心，必定会对你加倍疼爱。

如果你实在处理不好，可以借用一下电视剧《媳妇的美好时代》里毛豆豆的方式：当婆婆没事找碴儿的时候，她表面上绝对不会有和婆婆顶嘴和不高兴的表现，等回到自己家后就对老公用善意的口吻述说她和婆婆之间发生的问题，也没有任何抱怨情绪流露，更不会在外人面前说自己婆婆的是非，而是请老公帮自己去婆婆面前解释开脱，这才不失为一个好办法。

调换一下位置想想，如果你是儿子，你肯定也不允许别人说你妈妈的坏话。如果你有儿子，你的儿子将来也会这样。也许总有一些委屈是你忍不住的，你想和周围的人说，但她们或许对你的事情并不感兴趣，久而久之，你就给她们留下祥林嫂式的印象，她们觉得你很烦，甚至一些年纪稍长的人还会认为你是个不怎么样的儿媳妇。

所以，聪明的女人永远不要在别人面前说婆婆的"坏话"，每个人都有优点，尽量让自己忘掉婆婆的不好，只记得她的好。明明改变不了又非要挑剔婆婆，对你百害而无一利。

第 八 章

教育分寸感:
不打不骂教出好孩子

沟通讲方法，试着用商量的语气与孩子说话

语言是人与人沟通的重要桥梁，与其说语言的内容决定了沟通的成效，不如说语气的应用影响了内容的发挥。而妈妈和孩子之间的沟通也逃不过语言的媒介，是否因为是母子关系，就不需要注重语气问题了呢？当然不是，每个孩子都是有自尊心的，都希望获得他人的尊重，在听到妈妈指责、训斥、命令的言语和语气时，都会感到难受和不安，内心也会有一定的逆反情绪。比如，妈妈想要孩子把地上乱丢的玩具整理一下，是说："飞飞，你怎么回事？把地上弄这么乱！赶快！收拾干净！"还是说："飞飞，你的玩具在到处流浪啊，你可不可以把它们送回家呢？"妈妈的目的都是希望孩子把玩具收拾好，但是前者是命令、指责的语气，后者是商量、温和的语气，相信任何一个孩子都更喜欢温柔可亲的妈妈。

如果妈妈要的只是孩子行动的结果，那么用商量的口气对孩子说话更容易让孩子行动起来，而且孩子也不会对妈妈心存埋怨。即使妈妈认定自己的孩子是"吃硬不吃软"的人，也不妨试试用软一点的方式，也许结果会出乎意料。

所以，当有话急于对孩子说的时候，不妨先等一两秒钟，深吸一口气，再慢慢地呼出来。这个过程是让妈妈做好用商量的语气说话的准备。

高情商的妈妈在与孩子沟通时，一般都会用商量的语气。一个

人说话的语气是长久以来养成的习惯，越面对亲密的人，说话越是随便。对自己的父母、丈夫、朋友都用商量的口气说话，却唯独对孩子用命令的语气。因为，用什么样的语气说话一般是不需要思考的，是自然而然的流露。

因此，要想学着用商量的语气对孩子讲话，那就要在对所有人说话的时候都注意语气，如果这种习惯不改变，想跟孩子商量，都不知如何开口。

通常，在与孩子用商量的语气说话时，最好多用"可以吗""怎么样"这样的词语。当养成这样的习惯后，与孩子聊天就会自然而然地做到万事商量着来。

刚洗完澡的杨洋忘记把脏衣服放到洗衣机里，妈妈发现后就喊他过来："杨洋，请你过来下。"杨洋边往卫生间走边说："我肯定又犯什么错了。"

妈妈说："是犯了小错，你下次洗完澡记得把脏衣服放进洗衣机里，怎么样？"

"可以！"杨洋恳切地回答了。

第二天，同样的场景又发生了，妈妈再次喊："杨洋，请你过来下！"这次，杨洋赶忙跑进卫生间说："妈妈，对不起啊，我又忘记了，明天一定不犯了！"

杨洋的妈妈不但用了"怎么样"，还用了"请"，这样温和而礼貌的词汇是很难遭到孩子拒绝的，孩子只能乖乖听话。

所以，当准备说一句命令式的祈使句时，完全可以换成疑问句，句子中加上"能不能""可不可以""好不好"等词语，孩子基本上只能回答“好的”。

在与孩子说话时，妈妈除了多用商量的词语外，还需要注意说话的语气与语调。商量的语气往往是柔和的，而不是强硬的。如果妈妈不知道怎么说才算得上柔和，那就把语速放慢，音量放低，效果肯定会大有不同。同样一句话，比如“你可不可以把手洗干净？”如果妈妈的语速很快，声音很大，那是在命令孩子；如果语速慢下来，语调柔和下来，就属于商量的口气了。

有的父母可能会说：我这人天生心直口快，温柔的话说不来。那就只能先让心柔软下来，语言才能跟着柔软。

与孩子商量时，最关键的一点是要允许孩子有其他的意见。如果商量只是为了得到孩子的认同，孩子一有反对意见就立刻被驳回，那就称不上是什么商量了。

每个周六，妈妈都会带孩子去附近的公园走走。但是这周六妈妈加班，决定把孩子放到奶奶家。当妈妈去跟儿子商量的时候，儿子表示可以自己在家玩，妈妈不同意，但是儿子仍表示不想去奶奶家。

最后，妈妈干脆地说：“没你选择的余地，明天必须去奶奶家。”儿子噘着小嘴走开了。

妈妈用商量的语气和孩子谈事情，就要做好孩子有另外打算的准备，既然是商量就有成功和失败。妈妈不能只抱着成功的希望去，当孩子不同意时又生气，还是用命令的语言要求孩子。

所以，如果妈妈没打算接受孩子的其他意见，就不要用商量的口气，用温和的语言把你的计划告诉他就可以了，免得两个人像拔河一样拔来拔去，最后大家都不愉快。

批评要有分寸，不能用语言直接攻击

如果问什么对孩子的伤害最大，很多人的回答很可能是身体伤害。身体伤害固然是不可取的，因为它会给孩子的身体带来难以承受的疼痛，甚至会影响其心理健康，但肢体伤害毕竟表现在外部，是肉眼看得见的，处于父母可控制范围之内。而语言对孩子造成的伤害，远比肢体伤害要严重，因为它会给孩子的心灵留下难以磨灭的创伤，而这种创伤是看不见、摸不着的。

中国少年儿童平安行动曾进行过一项调查，询问学生们认为需要解决的最急迫的校园伤害是什么。结果表明：81.45%的小学生认为语言伤害是校园里最亟须解决的问题。也就是说，语言伤害所带来的痛苦让孩子们难以承受。

尽管校园里存在语言伤害，但对于大多数家庭来说，父母用话语攻击孩子也是很普遍的现象。无论在什么地方，一些用语言伤害孩子的事情总在上演。5岁的小姑娘不小心将米饭弄到地上，妈妈怒气冲天地说："你这孩子怎么什么都不会，连饭都不会吃，简直笨到家！"7岁的小男孩因为贪玩没有及时完成妈妈交代的任务，妈妈指着孩子骂道："爸妈上班给你挣钱多不容易，你一点也不争气，怎么对得起我们的养育？"10岁的孩子考试得了98分，把试卷拿到爸爸面前等待表扬，等来的却是无情的责备："考98分算什么，还有考 100 分的呢，你可别得意，下次要不考全班第一，小心我的拳头。"……

当父母和孩子交流的时候，无论是提出意见还是给出答案，你所说的每一句话都会给孩子带来影响。积极的语言会让孩子变得自信、开朗、积极向上，而那些攻击性的语言，则句句伤害孩子的内心，会让他们感到委屈、自卑、丧失自信、焦虑不安、胆小懦弱，严重者甚至会出现抑郁、自闭等多种行为障碍。

于希上幼儿园的时候还是个开朗健谈的孩子，可是她现在却变得性格内向了，总爱一个人待在家里，不与人交往。为何她的性格会发生如此大的转变？就是因为在家中遭受的语言攻击太多了。

于希 5 岁的时候遭遇了父母离异，从此母亲对她要求十分严格，希望她接受最好的教育，为自己争一口气。母亲为于希报了各种辅导班、特长班，并且规定她每门功课都必须在 95 分以上，低一分也要接受最严厉的惩罚。此后于希每天都在去学校和去辅导班的路上奔波，纵然十分辛苦，但她认为更辛苦的则是听母亲的数落。一次，她数学得了 94 分，妈妈对她说："你脑子进水了？这么简单的题都不会，真是不争气，罚你把错题抄一百遍。"还有一次，她英语考了 85 分，这个分数虽然与妈妈的要求相差甚远，却是全班最好的英语成绩。可是妈妈不管这些，她对着于希劈头盖脸就责备了一通："你说你，我供你吃、供你穿，你居然用 85 分来回报我，这么没出息，还不如把你扔给你爸呢。真是猪脑子！"于希解释说："英语题太难了。"可是妈妈根本不听，喋喋不休地训斥她，话越说越难听，于希难以忍受，最终流着眼泪跑回房间，从此她再也不想和妈妈说话了。

父母在气急败坏的时候往往会没有分寸地随口说出很多带有攻击性的语言，尽管他们的本意是为了激励孩子，殊不知这却会对孩子造成很大的伤害。父母望子成龙本没有错，但语言攻击会深深刺痛孩子的心灵。孩子视父母为世界上最亲近的人，父母的语言攻击让他们一时间感受到亲人的冷漠无情，他们找不到安全感，为了抵挡攻击带来的伤害，便会疏远和躲避父母。

很多父母对孩子施展语言攻击，是因为他们认为这样做可以管住孩子，让他们不再犯错。但实际上，家长这些伤害性语言只能对孩子的行为起到一时的约束作用，孩子之后还可能再犯类似的错误。就好像父母希望孩子考取高分，便用攻击性语言刺激孩子，虽然孩子一时发愤图强，努力学习，但可能依然无法取得好成绩。孩子们在语言攻击的作用下，各方面技能没有增加，反而是心理的恐惧增加了。

因此，父母要高度重视攻击性语言带来的危害，调整好心态，尽量改变自己的说话方式。尽管父母在很多情况下恨铁不成钢，但在教育孩子的时候要尽量保持理智，控制好自己的情绪。当发现孩子某些地方做得不够好时，要用温和的语气引导他们。即使批评孩子，也要讲究说话的艺术，不能张口就来，不计后果。尽量去掉那些指责、呵斥的话语，用积极性的语言代替，例如"慢慢来，没关系"或是"妈妈对你有信心"等。父母用平常心看待孩子，孩子也会从心底感受到父母的爱。

赞美不能过度，恰到好处才行之有效

赞美可以让孩子感到愉悦、自信，找到安全感，赞美也能让孩子增强勇气，变得积极向上。赞美确实是亲子教育中行之有效的方式。

父母出于激励的目的，往往会赞美孩子，让孩子的行为和身心向着更好的方向发展。但是俗话说："水满则溢，月盈则亏。"赞美也要有一个度，也就是说，赞美孩子要有分寸，适度的赞美，效果是积极的；过度的赞美，可能会起到反作用。

德国教育家卡尔·威特说："我们不能让孩子在受责备的环境中成长，但也不能让他整天泡在赞美里。"责备过多对孩子不好，赞美过多对孩子也不好。父母经常赞美孩子，就会让孩子对赞美有依赖心理，如果日后遭受批评，孩子就会觉得父母不再关心他，不再重视他，就会产生抵触和逆反心理。

过分赞美，还会给孩子带来困扰，让孩子觉得父母对自己的期望过高，孩子一旦没有达到父母赞美的程度，就会感受到巨大压力，陷入焦虑之中，严重者还会紧张过度，失去自信，甚至行为失常。很多孩子经常对家庭成员做出破坏性的行为，当父母说他们是好孩子，或夸奖他们做得真棒时，他们则表现得不耐烦。他们希望妈妈赶快走开，希望爸爸别再干扰他，总之，他们就是不想听到这些赞美之词。父母夸赞得越多，他们这种不好的行为就越多。这是为什么呢？归根结底是父母对孩子赞美过多导致的。孩子在心中对自己也有一个基本的认识，这种认识跟父母所赞美的话是完全不同的。父母对孩子适度赞美，孩子会认为是真的，一旦过度，孩子内心的"真我"就会显现出来，他一听到父母说"我的孩子真乖"，孩子就变得蛮横不讲道理，听到被奖励聪明，就不愿再接受更大的挑战，好像就是为了反对父母的赞美，证明父母是错的一样。其实，他们这种行为只是对父母口中所描述出的他们的形象表达不满。

　　大宝吵着要转学，说再也不想去现在的学校了。妈妈好说歹说，大宝就是不干，还在沙发上大吵大闹，要不就躺在地上，嘴里还不停地说："我就是要转学，就是要转学！"妈妈不解地问："大宝，这个学校很好啊，你也很优秀，老师和同学都喜欢你，为什么不愿意在这里上学呢？"大宝回答说："我这次考试成绩太差，我再也不优秀了，老师和同学再也不会喜欢我了。"妈妈很迷惑，觉得大宝经不起风浪，一次考试失利至于这么小题大做吗？一筹莫展、无计可施的她只得去寻求亲子教育专家的帮助。教育专家通过和大宝交谈，找到了问题所在。原来大宝的妈妈太喜欢赞美大宝了。每当大宝做作业，妈妈就会说大宝写得真好；大宝做手工，妈妈就说做得真不错，比她做得都好；大宝帮妈妈干活，妈妈也会说大宝好勤劳啊；大宝考了好成绩，妈妈就会说大宝真聪明，以后一定能考上重点大学。

　　长此以往，大宝就对妈妈的赞美习以为常，也认为自己是最勤劳、最聪明、最受人喜欢的孩子，当他一次没有考出好成绩，心中的真我和父母口中他的公众形象形成巨大反差时，他就会有心理落差，认为自己不是聪明的孩子，于是就出现了各种不受父母控制的行为。

其实，父母赞美自己的孩子无可厚非，但赞美过度则值得反思。过量的赞美会显得不切实际，给孩子造成一种假象，不但不利于孩子正确认识自己，还会影响他对其他事情的判断。赞美一定要适度，过度夸奖孩子的词语要少用，不然孩子对自己的认知和评价就会产生偏差，对其进步和成长都是不利的。

一个人生病要吃药、打针，但药剂或针剂使用过量就会对身体造成伤害。过度赞美如同给孩子的精神随意用药，药效过强，让孩子对药剂产生戒备心理，再次下咽就变得很难。只有用药适量，才能让孩子的身心正常发展。

晓峰从小就喜欢画画，也画得确实不错，常得到父母的夸奖。除了父母以外，每当有客人到晓峰家做客，看了他的画也都会竖起大拇指称赞几句，这样一来，晓峰对别人的夸奖习以为常，不免心生骄傲。

妈妈为此感到担忧，她跟晓峰的爸爸说："孩子画得确实不错，但是我们也要适度赞美孩子才行，不然他会看不到自己的缺点。"晓峰的爸爸很认同他妈妈的意见。

一天，晓峰画了一幅新作品，拿给妈妈看。晓峰说："大家都说我是绘画天才，妈妈你看，我这幅画是不是很棒？"妈妈回答说："晓峰，你画得确实很不错，看来你在绘画方面下了不少功夫。"晓峰听到妈妈的赞美，立即把他的新作品贴到墙上，准备让所有来家里做客的人欣赏一番。晓峰接着问："妈妈，我是不是很厉害？"妈妈说："晓峰，你虽然画得不错，但还是有不足的地方，例如这个颜色有些深了，换浅一些的会好。这棵小树显得很突兀，和周围景色不和谐。

你自己好好看看，是不是应该改进？"晓峰认真一看，发现妈妈说的问题确实存在，于是不好意思地对妈妈说："妈妈，你说得没错，我还需要继续努力。"爸爸听到了，赶紧鼓励晓峰说："一个人能力再高，也能找到比他更厉害的人。因此，发现自己的不足之处一定要努力改变，这样才能做得更好。"晓峰说："爸爸妈妈，我知道了，我一定会努力，争取越画越好。"

其实孩子也有自己的判断能力，也能分辨赞美之词的真伪。如果别人真心对他提出指导意见，而不是一味夸赞，即使不那么顺耳，他们也乐意接受。过度赞美无法长久维护孩子的良好心态，只有把握好夸奖的"度"，用心引导，孩子的心态才能回归到正常的轨道上来。

溺爱要有分寸，不能让孩子丧失独立的精神

　　爱子是人之常情，但这种爱也要有分寸，要讲究正确的方式。如今，有许多家长什么家务都不让孩子做，只要求孩子用功读书，所谓"两耳不闻窗外事，一心只读圣贤书"，结果导致孩子产生极强的依赖感，自理能力极度匮乏。有的孩子十七八岁了还不会洗衣服、不会打扫卫生、不会做饭，甚至连香葱、韭菜都分不清楚。

　　试想，如此缺乏自理能力的孩子，将来又怎能独自立足于社会呢？又如何去独当一面成为管理者呢？看了艾森豪威尔的成长经历，相信为人父母的你能从中得到一些启示。千万别忘了教导和培养孩子最基本的生活能力，让他们能自食其力，再强大的爱也不能代替孩子精神上的独立。

　　家长需要清楚，过度溺爱是孩子成长过程中最温柔的陷阱。孩子各方面的能力一直得不到锻炼，他就失去了独立、自立的可能。总之，对孩子的爱要恰当，要把握好尺度。既要有博大无私的爱，更要有理智和冷静的爱。理智地爱孩子，培养孩子健康独立的人格和良好的生活习惯将使孩子受益终生。

　　溺爱孩子的结果只能是让孩子丧失独立精神，长大后没有建树不说，连生活自理能力也不具备。父母之爱子，则为之计深远。要真为孩子好，就不要对孩子继续娇惯下去了，要引导他们锻炼自己的独立能力，给他们理性的爱。"淌自己的汗，吃自己的饭，自己

的事情自己干，靠天、靠人、靠祖先，都不算好汉。"这句话道出了为人处世的真理，也是我们这些望子成龙的家长们应好好领悟的道理。

与孩子保持好距离，减少孩子对父母的依赖感

生活中，很多事物都是因为距离而变得格外美好的。对孩子的爱，也应该保持恰当的距离。如果父母总是企图将孩子限定在自己的视线之中或固定在自己能够干涉的范围之内，对孩子来说无疑是一种心灵上的摧残和成长中的苦痛。大人累，孩子也累；大人烦，孩子也烦。

与孩子保持距离，可以让孩子伴随着成长逐步减少对父母的依赖感，产生独立生活的意识。孩子在尝试一些事情之后会得到收获的，动手能力也会得到提高。让孩子大胆地去玩耍，去嬉戏，去尝试，去体验，才能让孩子健康快乐地成长。

我们经常可以看到，在高中生新生入住时，大多数家庭几乎是全家出动，帮孩子大包小包地搬到宿舍，父母开始忙碌起来，爸爸搬东西，妈妈搞卫生，奶奶帮孩子铺床整理。

宿舍走廊上，一对父子引起了人们的注意，他们靠着栏杆站着，爸爸对孩子说了几句简短的话，儿子不时点点头；宿舍里，妈妈告诉孩子怎样摆放东西，刚打完球不要马上冲凉等。临走时，他们还不忘叮嘱孩子："好好学习，注意健康。"

这个孩子叫周鸣，是高一新生。事实上，他家离学校不远，但是父母为了锻炼周鸣，特意鼓励他住校。周鸣的妈妈说："孩子在家

的时候，煮饭、倒垃圾、洗碗这些事情我们都要他做，从初二开始，他就动手洗自己的小件衣服。"爸爸说："让孩子住校，可以锻炼他与人交往的能力，提高孩子的独立能力。"

每当新学期开始的时候，总有一些学生会住校。或许是因为离家较远不得不住校，或许是因为父母为了锻炼孩子的独立生活能力而鼓励孩子住校。总之，住校对孩子是一种考验，对父母的心理也是一种考验。

其实，让孩子住校，就是与孩子保持一段适当的距离。父母爱孩子，不一定非得整天将孩子困在自己身边，每天搂在怀里。因为孩子每天都在成长，总有长大的一天，只有与孩子保持恰当的距离，才是最符合生命成长规律的，才是最有益于孩子健康的。

当今社会，独生子女越来越多，从小生活在父母呵护下的孩子，很容易以自己为中心，缺乏关心他人的意识，这不利于孩子以后与人交往。在家里，父母可以包容孩子的过错和倔强，但是终有一天孩子要走出家门，与这个社会打交道。如果缺乏必要的交往能力，那么他在未来的道路上将会遇到很多麻烦。所以，与孩子保持距离，让孩子得到锻炼，是为孩子的成长、成才做长远打算，最终对孩子是有好处的。没有这种意识的父母整天想着怎么为孩子遮风挡雨，百般呵护，殊不知越是对孩子爱得炽热，就越是在葬送孩子的将来。

齐齐已经上小学了，上下楼的时候，不是爷爷奶奶，就是爸爸妈妈，还习惯于抱着齐齐。齐齐长得高高的，虽不是很胖，但是总让父母抱着上下楼，多少让人感觉很累。

一天，一位邻居阿姨看见爷爷抱着齐齐上楼，不假思索地问："哎呀，你孙女的腿受伤了吗？"爷爷说："没有啊！""那你为什么抱着她上楼梯呢？"邻居诧异地问。"唉……抱惯了。"

没有与孩子保持适当的距离，整天把孩子抱在手里，让孩子粘着父母，孩子就会失去锻炼的机会，孩子的独立性就得不到培养。而且没有距离的爱往往会变成溺爱，在溺爱中成长的孩子，是难以适应今后的学习和生活的。所以，爱是需要距离的，有距离的爱才是对孩子最好的爱。

教育专家表示，如果父母不懂得与孩子保持距离，就容易不尊重孩子。许多人对同事和陌生人面带笑容，非常礼貌，而对家人时却将客气的话和礼貌用语全部省掉，有时把尊重也省了，说着说着就忘乎所以起来，开始将对方视为情绪垃圾桶，无所顾忌地发泄一番。很多父母白天在公司里遇到不顺心的事，晚上回家看到孩子手中的成绩单，或接到老师的告状电话，就开始唠叨不停，发泄没完，训骂、暴打、羞辱，无所不用其极。这就是因为父母把孩子当作自家人，认为这样对孩子是为孩子好，孩子不会介意，最后伤害了孩子的自尊。

家长和孩子说话，有时候也得保持一定的距离感，否则就会看起来没轻没重。有的父母认为孩子是自己的，所以说话变得很随意，批评孩子的时候把那些不文明的用语用得淋漓尽致。这就是父母的失败，把失望的情绪发泄在孩子身上，不但伤害了孩子，也会伤害自己。原因就是父母太视孩子为自家人了，与孩子说话就没了分寸和距离。

还有，父母如果与孩子相处没有距离，孩子就会不服管教。民主的父母会与孩子做朋友，平等交流，做做游戏，甚至打打闹闹。但是如果父母忘记了自己扮演的"成人"角色，太过于随便，与孩子之间没有了距离，父母在孩子眼中就会丧失威信，孩子也会变得任性。当孩子不听教导、耍脾气时，最好的办法就是制造离开孩子的机会，与孩子拉开合适的距离。

如果父母没有与孩子保持适当的距离，父母的爱可能会让孩子窒息，让孩子找不到透气的窗口。俗话说得好"距离产生美"，适当和孩子保持距离，这是尊重和信任孩子的表现。

不要步步紧逼，强迫孩子说出他们的心事

　　"知心姐姐"卢勤在一年 10 月 25 日的倾听日中，曾就孩子是否愿意和父母倾诉心事这个话题向两万多名中小学生展开调查。结果显示，小学生首选父母为倾诉对象的比例为 34%，中学生的比例为 17%。也就是说，随着年龄的增长，愿意向父母倾诉心事的孩子比例会下降，而且，在参与调查的中小学生中，70% 以上的孩子表示有了心事不愿向父母倾诉。

　　当然，孩子不愿将自己的心事告诉父母是有原因的，比如和父母谈不来，没有共同语言等。父母总是把一件小事无限放大，让他们焦虑不已，或是父母不能理解孩子的想法，反而会指责他们。于是孩子更倾向于自己的心事自己消化。

　　但是也有一些孩子愿意将自己的心事与父母分享，那是因为他们感觉父母是他们的良师益友，能理解他们的想法，并能提出中肯的意见，给予他们真心的体贴。不过目前看来，这种能和孩子相处得好并有共同语言的家长是很少的。

　　即便如此，很多父母仍然意识不到自己在亲子关系中出现的问题，他们发现孩子有心事但不愿与他们倾诉时，就着急地追问。没想到，越是催促孩子，孩子的逆反心理就越强，越不愿诉说。长此以往，孩子不但不愿和父母交流，亲子关系也渐渐恶化。

　　涛涛从小在奶奶家长大，奶奶对涛涛非常关心，每天他一回家

就对他嘘寒问暖，一会儿问："涛涛今天中午在学校吃饱了没有？"一会儿问："今天中午吃的什么呀，好吃不好吃？"再过一会儿又问："今天老师有没有表扬你啊？老师让背的课文你都记住了没有啊？你跟同学相处得好不好啊？"开始的时候，涛涛还耐心地回答奶奶的每一个问题，过了一段时间后，他就开始敷衍了。每当奶奶问他学校的事情时，他就回答"还好吧，还可以"之类的话。

一个周末，妈妈按惯例来接涛涛回家。她发现涛涛越来越不喜欢和奶奶说话，就把涛涛带到他最喜欢的麦当劳，给他点了一份汉堡套餐。涛涛很高兴，一边吃一边问道："妈妈为什么带我来这里呢？"妈妈说："涛涛每天放学回家都先写作业，然后复习功课，很听奶奶的话，所以妈妈要奖励涛涛。"接着涛涛对妈妈诉说起对奶奶的不满："奶奶看我就像看犯人一样，每天回家都问我在学校吃得好不好，玩得好不好，和老师同学相处得好不好，然后我就要一一回答。如果我什么都说好，奶奶就很高兴，如果我说学校有什么不好，奶奶就觉得我做了错事，然后就不停地唠叨。"妈妈对涛涛说："妈妈是你的好朋友，奶奶也希望成为你的好朋友，以后妈妈和奶奶都不会强迫你，等你想说的时候再说好不好？"涛涛听了妈妈的话心情放松了不少，开始大口吃起汉堡。

孩子愿意和父母说心里话，是因为他们相信父母能为他们排忧解难，但有的时候孩子说了半天，家长总是用大人的眼光看待问题，绕来绕去把所有事情都引到学习上，告诫孩子只有考高分才是硬道理。父母以为自己苦口婆心教育一番，应该换来孩子的热情回报，至少也是更加努力地学习，结果事情却向着相反的方向发展，不但学习成绩没提高，还导致孩子愈发不愿和父母说话。

当孩子有心事的时候，父母没必要步步紧逼，非要弄清楚事情的原委。有时候给予孩子独立思考的空间，在旁边默默陪伴孩子、关心孩子就够了，这样做不仅是给孩子独立的机会，也是给自己一个做孩子朋友的机会。如同将一把沙子握在手中，越是使劲紧握，沙子流失得越快，如果手掌保持轻松的姿势，沙子还能保留得多一些。因此，一个开明的父母不会逼迫自己的孩子说出心里的秘密，只有轻松看待一切，孩子才能主动倾诉。

明明这一阵好像不大开心，每天放学一回到家不和爸爸妈妈交流，连喜欢看的电视也不看了，直接躲进自己的小屋，好长时间不出来。妈妈看出他有些反常，但是没有去打扰他。到晚饭时间，妈妈来到他的房间，先敲门然后轻声问道："明明这几天是不是作业很多，怎么一回家就躲进房间不出来呢？"明明应声道："是，最近作业很多。"话语中明显带有不耐烦的语气。等吃完晚饭，明明又回自己房间去了。

接下来的几天，明明仍然喜欢独处，除了吃饭时间，妈妈基本看不到他。妈妈感觉明明一定遇到了什么不愉快的事情，不愿意告诉父母，又无法自我排解。妈妈深知，孩子也会有自己的心事，他之所以不愿意向你倾诉，是因为他还没有找到安全感，这时父母一定不能强求，要慢慢引导。后来妈妈来到明明的房间，问他学习累不累，需不需要陪他坐一会儿。明明答应了妈妈的要求。接着，妈妈对明明说："尽管作业很多，但也要注意身体，一定要早点睡觉，把饭吃好。"此后，妈妈经常做一些明明最喜欢吃的东西给他送进房间。明明感受到妈妈对自己的关心和爱护，主动邀请她到房间坐。

妈妈坐到明明身边，明明欲言又止的样子更让妈妈确定孩子一定有什么心事。当然妈妈并不急着追问，而是给他更多的时间选择要讲出来还是埋在心里。最后明明告诉妈妈，他一个最要好的同学最近要转到其他学校上学，以后他俩就不能在一起玩了，明明因此很不开心。妈妈也为明明失去一个好朋友感到难过，但她还是给予明明最真心的安慰和鼓励，帮助明明走出了阴霾。此后，明明又变得像以前一样无忧无虑了。

在生活中，有很多父母想与孩子成为无话不谈的好朋友，却总是找不对方式。一个开明的父母在生活中不会专制，而是给孩子留出足够的空间，让他尽情地去思考自己的问题，并在身边默默支持、默默陪伴。父母不要急着逼迫孩子说出心里话，但要有意识地给他们创造诉说的环境，当孩子从中找到安慰与激励，自然会倾诉自己的心事。

掌握约束的尺度，适当"纵容"也无妨

一般人认为，孩子那些任性的行为，古怪的个性大多是由父母过度纵容造成的。然而，纵容并非全是坏事，有时候，父母给孩子合理的"纵容"，反而有利于孩子健康成长，对孩子有积极的意义，关键是要掌握好其中的分寸感。

父母为了管理孩子，难免会给孩子提出一些过分的规定和要求。这样做的目的是为了维护家长的权威，为了孩子安全、健康地成长。有些父母经常给孩子设置很多的"不许"和"不能"，比如"不许进厨房""男孩子不能哭""不洗手不能吃饭"等等条条框框可谓数不胜数。

没有规矩，不成方圆，父母对孩子的适度约束是必要的。但是值得父母们注意的是，约束也要把握好"度"。特事特办，特殊时期规矩也可以跟着放宽，适当地迁就甚至"纵容"孩子也并非全是坏事。

张蕊熙以前是个手脚灵活的女孩，因为有点淘气，经常一不小心就把家具碰翻，或是把碗打碎，父母觉得张蕊熙总是惹麻烦，于是经常在张蕊熙耳边说："慢点，拿稳了。"唯恐张蕊熙又把东西摔坏了。

张蕊熙走路向来是连跑带跳，所以难免有摔倒的时候，父母总是用充满忧郁的眼神对张蕊熙说："慢点走不行啊，谁赶谁啊？"就这样，母亲总在张蕊熙耳边唠叨，就怕淘气的张蕊熙"闯祸"。

可惜的是，一段时间后，张蕊熙的父母发现她的性子越来越磨蹭了，也不知道是不是故意的。早上叫她起来上学，从七点叫到七点半，等母亲来到她的房间时，张蕊熙居然还在赖床。母亲气得把她的被子掀开，张蕊熙这才不紧不慢地坐起来穿衣服。母亲不停地喊道："快点！快点！快要迟到了！"但是张蕊熙还是慢慢悠悠地喝着豆奶，好像一点都不急。有次母亲气得给了她一巴掌，张蕊熙居然还对着母亲翻白眼。

放学回来后，张蕊熙不停地去喝水，上厕所，好像根本没有心思做作业。母亲要她快点做，她就说："我在思考呢，催什么催？"父母发现张蕊熙越来越不听话了，他们感到这个孩子真不让人省心。

孩子犯错是正常的，孩子就是在不断犯错中逐渐长大的。面对孩子犯下的错误，如果一味责怪孩子，只会让孩子变得畏首畏尾，丧失他与生俱来的灵性。孩子面对沉重的学习压力和让人压抑的学习氛围，总会期望通过其他办法缓解一下内心的焦虑和紧张，这是人之常情。例如，在做作业的过程中，通过上厕所让大脑得到休息，调整一下情绪；早上在床上多躺一会儿，而不是立即起床，既有利于保证睡眠质量，也是为了应付全天的学习而做准备。

孩子每出现一个行为都有他的目的和意图，父母不能主观地认为孩子这样做不对，那样做不对，然后严厉制止孩子，而应该给孩子适度的"纵容"，让孩子将这一行为进行到底，然后观察孩子的最终目的。这样才能更好地读懂孩子的心，也更容易让父母取得孩子的信任。

有一个小男孩特别淘气，父母给他买的玩具几乎都被他拆过。有一次，小男孩拆了一辆价值不菲的玩具车，父亲发现后不仅没有责备他，反而表扬了小男孩。得到父亲表扬后的小男孩显得非常开心，父亲借此机会给小男孩讲了一下杠杆的原理，孩子也对此产生了浓厚的兴趣。接着小男孩在父亲的指导下，重新组装了被自己拆掉的玩具车，组装之后的玩具车和新买回来的没什么两样，性能还是一样好。小男孩也为此感到特别兴奋，父亲又说："我有一个这么棒的儿子，他都能组装汽车了。"

小男孩还是一如既往地痴迷于拆东西。但不同以往的是，现在他增加了一个兴趣爱好——把拆掉的东西再重新组装好。如果组装后的东西还像之前一样能使用，他就会跑到父亲面前"邀功"，父亲当然会继续表扬他；如果组装后不能继续使用，他就会反复拆装，直到能用为止。当然，他也有搞不定的时候，这时他只能求助父亲，在父亲指导下重装，如果还不能使用的话，父亲也不会责罚他。

父亲还经常鼓励小男孩尝试新鲜事物，对于不明白的东西一定要一探究竟。小男孩的兴趣日复一日地陪伴着他，初中时他会修收音机，高中的时候他已经可以搞定电视机了，到了大学时，他报名参加了航天器建模比赛，拿了不少奖项。

大多数情况下，孩子的破坏行为是受好奇心驱使的。比如，玩具汽车是在什么原理下被驱动的呢？汽车的内部究竟是什么样子的呢？各种新奇的想法驱使着孩子们一探究竟。

喜欢动手尝试或主动的破坏行为并不是十恶不赦的缺点，关键在于父母如何看待这一行为。如果父母把关注点放在被损坏的物品上，就可能十分生气。如果父母粗暴地制止孩子，使孩子无法得到相应的满足，孩子就会产生失落感，面对父母的粗暴语气和表情，孩子还会失去安全感。如果父母看到了孩子行为背后的求知欲望，适当鼓励孩子多动手尝试，那么就可以增加孩子发现新事物的机会。

　　所以，当你的小孩在雨天蹚水玩耍，上树掏鸟窝的时候，千万不要阻止他。请不要担心泥巴会弄脏他的手和衣服，因为他只有在尽情玩耍的时候才能找到自己的兴趣所在。不要让他长时间沉浸在沉重的学习氛围中，多给他一些自由支配的时间，长大后他会感谢你给了他一个自由快乐的童年。

第 九 章

自我分寸感：
认识自我更要提升自我

对自己有点分寸，不要总好为人师

有很多高学历的毕业生走向社会，觉得自己掌握了最先进的理论知识，有着最聪明机智的大脑，在和别人相处的时候，时不时地表现出一种优越感，在做事的时候，也总喜欢摆出一副盛气凌人的架势，对别人颐指气使、指指点点，那副稚气未脱的面孔上却表现出先知和师长的神气，让人看了心里很不舒服。

孟子曰："人之患在好为人师。"这里的"师"并不是一种职业，而是一种心态。好为人师的人往往自以为是、自高自大，没有一点分寸感，从而忽略了学习，忘记了谨慎。他们在生活中忘记了充实自己，为梦想而努力，只知道把一些自以为很正确的意见和建议强行灌输给别人，这样不仅不会得到别人的认可，还会切断他们自己的退路。

每个人都知道孔子说的"三人行，必有我师焉"的话，我们也不否认每个人都存在着可以让别人学习的地方。但是我们应该想一想，同样的意思，孔子为什么说"三人行，必有我师焉"而不说"三人行，必有我徒焉"呢？我们应该明白，孔子在说这句话的时候，就是要告诉我们在生活和工作中，要摆正自己的位置，对自身要有分寸，甘于做一个虚心求教的学生，而不能做一个好指点他人的老师。许多成功人士之所以能够取得辉煌的成就，和他们在生活中经常保持谦虚的态度是分不开的。

阿瑟·华卡小时候是一名农家少年，后来成了美国著名的商业巨子。他的成功是他坚持奋斗的结果，同时也和他虚心学习的品质有着密切的关系。

有一次，他在杂志上读到了一些大实业家发家致富的故事，就想知道得更详细一些，以便于将来借鉴他们成功的经验。于是他就跑到纽约，来到了一名叫威廉·亚斯达的人的办公室。

威廉·亚斯达对这位不速之客感到十分讨厌，就皱着眉头问他："你来找我有什么事吗？"这个少年低声地说道："我在杂志上看到了您的故事，我很想向您学习一下，我该怎样做才能够赚到100万美元？"威廉·亚斯达听后就喜欢上了这个有上进心的孩子，他的脸上也露出了柔和的笑容。两个人竟然长谈了一个多钟头，谈话结束的时候，威廉·亚斯达又告诉阿瑟·华卡该如何去拜访其他实业界名人。

阿瑟·华卡根据威廉·亚斯达提供的方法又遍访了一流的政治家、作家及银行家。

两年之后，这个20岁的青年成为他学徒的那家工厂的所有者。24岁时，他又成为一家农业机械厂的总经理，短短5年之内，他就成了一名百万富翁。后来，这位农村的少年又成了花旗银行董事会的成员。

甘做学生、虚心求教的做事精神不仅能够提升自己的能力，还能不断开阔视野，更重要的是能够结交一些优秀的朋友，改变自己的命运。

好为人师的人经常会沉浸在对自身知识体系的盲目自信中，他们凭借一些半专业的知识和微不足道的经验，喋喋不休、口若悬河地向别人传授一些所谓的知识和方法。如果那些方法能够给别人带来实质性的帮助还勉强说得过去，假如人们按照他的意见去办事，最终的结果却并不是想象中的那样完美的话，恐怕这个人就要成为众矢之的了。

有一个人是铁杆的股迷。他一有时间就炒股，也赚了一笔钱。后来他就索性不再上班，做起了全职股民。头几个月适逢牛市，他赚了不少钱，在小区里成了小有名气的"炒股专家"，当听到有人叫他"股神"，向他"取经"的时候，他几乎都飘到了天上，把这一段时间的炒股经验通通告诉了别人，并且信誓旦旦地说："你就听我的吧，买这只股票一定能够赚大钱！"那些股民对他言听计从，纷纷把钱都投入到他看好的那只股票中。谁知天有不测风云，这只股票没多久就成了垃圾股，那些买股票的人各个血本无归，落得个一败涂地。而作为"股神"的他的命运也可想而知，自然是过街老鼠，人人喊打。

好为人师的人不过是"半瓶醋"而已，并没有什么真才实学和真知灼见。他们所表现出来的信誓旦旦并不是什么自信心，而是一种忘乎所以的自我膨胀。自我膨胀的人往往会过分地夸大自己的价值和能力，忘记了自己究竟有几斤几两，让人感到好笑。

真正的成功者是从来不会把自己当成成功者来看待的。因为他们懂得"满招损，谦受益"的道理，在与人交往和追求目标的时候能够始终保持一种谦虚的态度，老老实实地扮演着学生的角色。他们不仅能够让自己一步步地走向成功，同时也会受到别人的支持和爱戴，无论在事业上还是在人际关系上都能取得超出常人的成就。

因此，二十几岁的年轻人，在为人处世的时候一定要摆正自己的位置，甘做学生，而不要好为人师。

学习没有止境，时刻为自己充电

中国有句古话叫作"活到老，学到老"，学习是没有止境的，如果一个人对学习失去了兴趣和追求，那么他的人生也不会有很大的起色。我们生活在一个知识爆炸的时代、一个知识不断更新迭代的时代，如果没办法让自己不断去学习的话，就会很快被社会大潮所淘汰，成为时代的弃儿。

瞿虹是湖北省首届十佳职场魅力女性，身为湖北对外服务有限公司的总经理，她本人就是终生学习的践行者和代表。她在华中科技大学读完经济学研究生后，又到武汉大学在职高级工商管理硕士研修班进行深造。据了解，武汉销品茂总经理刘焕来、副总经理周利群等，虽然早已从清华大学在职高级工商管理硕士研修班毕业，但是仍旧逢课必听。根据清华大学清远教育中心的统计数据显示，30名已毕业的总裁学员半年后纷纷续办学员卡，同时在中心每月举办一次的高级工商管理论坛活动上非常活跃。

在学校里一次性接受完教育然后凭借这些知识干一辈子是工业时代的典型特征。我们现在正处在一个高速发展的时代，而这个时代是多变的，需要我们时刻紧跟，不断更新自己的知识架构认清时代中的机遇，学会与机遇一起赛跑。在过去的这十几年中，我们最重要的认识就是，受教育不仅仅是在学校需要做的事情，更是一生都必须持续的事情。

美国著名的管理学家德鲁克就是一个很好的例子。

德鲁克从1937年移居美国后就开始了一边教书一边写作的生涯。一年之后，他出版了第一本著作《经济人的末日》。在随后的多年里，德鲁克几乎每隔三四年就会出版一本著作，而他的著作围绕的始终是关于经济和企业管理一类的理论。但是，他的管理学理论并非是凭空想象出来的，也不是他经验的总结，因为他的一生始终都是处在教书、写作和学习当中。

那么，德鲁克的管理理论究竟是从哪里来的呢？答案是显而易见的——很大一部分都是通过他平时读的书积累而来。德鲁克付出了别人无法相信的时间和毅力读完了很多前人留下来的各种关于经济和企业管理方面的成果，同时也对美国的资本主义形态和美国经济的运行体制进行了透彻的研究和分析。而在1942年，他又受聘于全球最大的企业——美国通用电气公司，成为一名顾问。自此，他开始了对世界大型企业内部管理的研究和分析。他在不怕困难、努力学习的意念下，分析了通用公司因企业内部管理而令企业走上一条漫长的辉煌之路的过程和原因，于是在4年后的1946年，他根据自己在通用公司的调研心得写成了《公司概念》一本书。这本书的出版为他打开了一扇通往企业管理的窗，同时也让他首次提出了"管理学"这一概念。

德鲁克认为，管理是一门学科，不应该把它与其他任何一门学科混淆在一起。从此，管理学正式成为一门独立学科。德鲁克的这一富有战略性的做法，开创了一个全新的领域，在借鉴前人留下来的宝贵经验的同时，提出了一个既属于他自己，又属于整个人类的新知识体系。这一切无疑都是德鲁克努力学习与利用前人经验，然后勇于探索的结果。

为了充实和完善自己的管理学理论体系，在随后的许多年里，德鲁克又对美国电报电话公司、惠普公司、微软公司等世界500强企业进行了更为深入的研究，并于1954年出版了他的另一本重要著作——《管理实践》。在书中，他首次提出了"目标管理"这一划时代的概念，从而为很多企业管理者提供了一个可以用来控制企业目标与成就的理论参考。

其实不仅仅是德鲁克，包括微软公司创始人比尔·盖茨、谷歌公司创始人谢尔盖·布林和拉里·佩奇等人，他们都是在学习和钻研中慢慢成长起来，并创造出了惊人成绩和财富的。由此可见，只有努力学习，并在学习中继承那些优秀的文明成果，才能不断前进和发展，成就伟大的事业。

不过对于大多数人而言，时间就是金钱。如果学习没有从自己的实际出发，那么不但充电不成，还浪费了自己的宝贵时间。所以，不同阶层的人应该选择不同的充电内容。

对于大型企业高层来说，宜以战略修养为重点。当企业达到一定规模的时候，就对企业管理人提出了更高的要求，北大光华管理学院院长助理何志毅教授认为："企业管理人员对企业的经营管理负责，不但要有很好的实践经验，还需要掌握系统的管理知识，需要具备国际视野和战略眼光。"此时的企业需要管理者着眼于战略规划、竞争优势、商业效率和行业大势，这类管理者就应该选择战略修养作为自己的充电内容。

对中层管理者来说，则重在操作性。一般来说，中层管理者都是从业务骨干中提拔出来的，这些人身兼决策及实施职能，在系统的管理知识和科学的分析方法方面有所欠缺。那么这类管理者就应该选择具有操作性的管理内容给自己充电，以求系统而全面地掌握现代管理学的基本概念、管理原则和实用的管理方法、技巧及应用工具，以使企业管理团队对现代企业管理规则有正确和统一的认识，真正领会管理的精髓。

而对于普通员工来说，就要在自己专业知识领域一步步加深，通过不断向纵深学习，让自己成为这方面无可替代的人才，就能够实现自身能力保值增值的目的。

不断学习，无论是对高层、中层还是普通员工都是至关重要的。如果停滞不前，得过且过，你面临的就是被社会淘汰的命运。唯有学习，才是安身立命之本。

发现自身长处，把它无限放大

现在的社会充满了各种各样的选择和机会。只要胸怀理想，有能力、有魄力、有毅力就可以掌握自己的命运，无论从何时何处起步都有可能沿着自己所选择的目标路线攀上事业的巅峰。实际上，我们应该成为自己目标的首席执行官，把自己放在能对组织和社会做出最大贡献的位置上，学会并实践自我管理、自我发展、自我规划，在漫长的职业生涯中始终保持自控力、警觉感和付出心，认清自己的优势，不断修正并坚定自己的发展道路。

张建从小就喜欢跳舞，每当音乐响起的时候，他就能跟着音乐有节奏地晃动。而他也确实擅长跳舞，小学时他就每天看着视频学习，无论是爵士舞还是机械舞，他都能在看过几遍之后就跳得有模有样。

可是张建的父母都是学校的老师，在他父母看来，跳舞就是街头一些不学无术的孩子瞎起哄，对张建的成长和未来一点帮助都没有。父母也因此一直打压张建跳舞，让他好好学习，考一个师范学校，然后回到学校当老师，并认为只有这样才是他最好的未来。

在父母的压迫下，张建不得不服从安排。但张建对于当老师没有一点兴趣，所以学习也提不起精神，很差劲。而每当父母的看管松一些时，张建就偷偷地在自己的卧室练舞。为了不让父母知道，张建都是戴上耳机，然后轻轻地、不发出任何声音地跳。

考大学时，张建虽然按照父母的意愿考入了师范大学，但刚入学第一个月，张建就进入了学校的舞蹈社团，把所有的精力都放在了学习舞蹈上。张建很明白自己擅长什么，自己的优势是什么。

毕业以后，张建没有按照父母的意愿回去当老师，而是毅然决然地去了北京，他要用自己的舞蹈在大城市闯出一番天地。最终，张建做到了，他参加了很多街舞比赛，并在比赛中获得了无数的奖项和荣誉。如今，张建已经成了街舞领域大师级别的人物，父母也终于认可了他的成就。

用最适合自己的方式，做自己最擅长的事，这是成功最容易的方法。许多管理者只知道自己不擅长什么，了解自己的缺陷，而对于自己擅长什么却不是很清楚，更谈不上利用自己所长了。因此，要想成功，首先需要对自己有一个深刻的认识。不了解自己的人，根本谈不上自我发展。

下面列出的几个问题有助于我们认清自我：我的长处是什么？我是如何工作的？我的价值观是什么？我对什么类型的组织有归属感？我该做出什么贡献？我喜欢融入什么样的集体？

发现自己的长处并不是一朝一夕能完成的。不过有一个有效的途径，那就是回馈分析法：每当你做出重要决定或采取重要行动的时候，都可以事先记录下自己对这个任务的结果预期，也就是你的预定目标，一段周期后，将实际取得的结果与自己预期的目标进行比较。如果结果远超预期，就足以说明你在这方面的天赋异禀。

每个人的长处都具有独一无二而且基本稳定的特点，工作方式也是如此，这通常与人在成熟后稳定的性格和行事风格有关。虽然可能会略微调整，但根植于人的习惯中的基本因素不可能完全改变。你认为什么才是有价值的？价值观是自我控制中最后必须要确定的问题。一个人的价值观应该与其所在的组织价值观一致，即便不能完全契合，至少也应该是求同存异的，否则人们工作起来就会觉得难以从心出发，压力会增大，工作时会感到非常疲惫，这样的状态下自然也就拿不出什么工作成绩。

在人们了解了自己的长处、习惯的工作方式和自身价值观后，就能够认知自己应该从事什么工作，并确定自己应该为团队、组织和整个社会做出什么贡献了。此外，我们还要认识到同事、合作者、上司、下属等身边的共事者通常与我们具有不同的长处、工作方式、处事习惯和价值观，想做好自己的工作，就要事先与他们进行有效的沟通。

优势能够发展，劣势能够改变。具备职业化思维方式的人，必须懂得利用这一点来挖掘自身的潜力。

我们在确立自己的工作目标时，应当结合自身实际情况，以自己的最大优势为支点，以最可能获得成功的方式确立最可能实现的目标，让工作和付出最具成效。相反，一旦选择错误，就要多走不少弯路，即使比他人花费更多的气力，付出更多的时间，也可能无法达成目标，甚至距离目标越来越远。这就是"事半功倍"和"事倍功半"的区别。

现实生活中，大多数人没有发挥自己专长。最直接的原因正是很多人错误地认为只要通过学习，每个人都可以胜任任何职务，每个人的弱点就是他最有潜力的地方。

其实每个人都是特别的，拥有的才能是独特的，优点才是自己成长空间最大的地方。成功人士之所以能够成功，不是因为他没有缺点，而是他无限放大了自身的优点。只有懂得发现自身优势的人才能不断改进自己，提升自己，最终让优势成为自己的核心竞争力。

失败者的经验，更值得我们认真学习

在生活中遇到一些失败和挫折是很正常的事情，但是许多血气方刚的年轻人却对失败十分忌讳，遇到挫折的时候就显得暴躁不安，觉得失败是对自己整个人生追求的否定，从而郁郁寡欢，消极悲观。他们在和别人交流经验看法的时候也是心存愧疚，总是有意识地去隐藏和掩饰那些"不光彩"的经历。

很多年轻人对失败的理解是片面的，他们把失败看得一无是处，毫无价值。其实，失败所造成的严重后果往往不在错误本身，而在于失败者的态度。如果把它看成永恒，那么失败者将永无翻身之日；如果能从这些打击中吸取教训，学到经验，那么失败者就会直面错误，改正不足，最终卷土重来，获得成功。

年轻人在遇到失败的时候千万不要让自己钻进牛角尖，经历一两次失败就粗暴地撕碎个人的追求和梦想，而是应该静下心来仔细地观察和研究，得出经验教训，积累成功的资本，把一次次失败当作攀登成功之巅的一级级阶梯。

有一位中年男子来应聘某大型公司职业经理人一职。这位中年男子说："虽然我只有大专文凭、中级职称。但是我有15年的工作经验，曾经在9家公司做过事……"

他的话还没说完，主考官就摇头了。他认为，先后8次跳槽是一种不负责的表现，这样的人是毫无职业素养可言的。

那位中年男子解释道："考官先生，其实我从来没有跳过槽，而是因为那9家公司都倒闭了。我觉得这并不是我的失败，而是那些公司的失败。我对那9家公司十分了解，我和我的同事们努力地进行了挽救，虽然最终失败了，但是我知道错误和失败的每一个细节。同时，我也从这些细节当中学到了不少东西，这是其他人所不曾学到的。很多人经常炫耀自己成功的经验，而我却有着避免失败和避免错误的经验。这些失败其实就是我的财富。"

主考官目不转睛地看着他，示意他继续说下去。他说："我深深地知道，成功的经验大致上都是相同的，也很容易模仿，但是失败的原因却各不相同。用15年的时间去学习成功的经验，远不如用同样的时间去学习失败的经验重要。事实上，从失败中所学到的东西会更多、更深刻。别人成功的经验可能无法成为我们的财富，但是别人失败的经验却是我们成功的资本。"中年男子说完坐了下来。主考官想了想说："你被录用了，因为你更加知道什么是成功的资本。"

失败的过程也是学习的过程，一个人从失败中学习到的经验会更深刻、更全面，在以后的奋斗过程中也能少走一些弯路，少碰一些钉子。

50年前，有一个叫卡那利的美国人开了一家比萨饼屋。短短一年的时间，他的比萨饼就成了闻名附近的美食，店里每天都是爆满状态。于是，卡那利又开了两家分店，一段时间之后，那两家分店也是顾客盈门，效益颇好。

卡那利的胃口一下子就大了起来。他马上在俄克拉荷马州又开了两家分店。然而两个月之后，这两家分店却严重亏损。卡那利感到很纳闷：同样配方的比萨饼，同样是开在大学校园的旁边，为什么在俄克拉荷马州会失败呢？经过一段时间的观察和思考，他终于发现了问题的关键：两个城市的学生在饮食口味和审美取向上存在着巨大差异，他在配方和装潢上面犯了错误。他迅速改正了自己所犯的错误，生意也迅速好转起来。

他的比萨饼店开到纽约的时候也吃了不少苦头。尽管他在开分店之前做了详细的市场调查，但是却无法在这个城市打开市场。后来他才明白，原来纽约人对比萨饼的硬度感到不满意。于是他立即研制新配方，改变了比萨饼的硬度。最后，他的比萨饼几乎成为纽约人早餐桌上必不可少的食品。

卡那利用 19 年的时间在美国开了两千一百多家分店，他的身价也达到了 3 亿美元。

后来，卡那利回忆说："我每到一个城市开一家新店，开头总是失败的。但是在失败之后我没有选择退缩，而是积极地思考失败的原因，努力地探索解决问题的办法，直到最后取得成功。"卡那利又说："因为你不知道什么时候成功，所以你就必须学会失败。"

失败对我们造成的损失是暂时的，如果不能从失败中吸取教训，那损失就不可弥补了。每一个成功的人，都是能从失败中获得教训的智者。

英国的索冉曾经说过："失败不该成为颓丧、失志的原因，应该成为新鲜的刺激。"因此，二十几岁的年轻朋友，不要在失败面前后悔和抱怨，也不要去发什么"一失足成千古恨"的感慨，我们应该知道"失败是成功之母"，失败之中往往孕育着成功。

领导不代表什么都懂，学会谦虚地向下属请教

谦虚使人进步。身为领导，对待下属要谦虚和善，借鉴他人长处，将自己的才能发挥到最大限度，这样才会获得更高的权威。反之，如果领导目空一切，拿下属不当回事，这样的行为只会成为自己前行道路上的绊脚石，不仅失去了下属的支持，还失去了其他人的尊重。

孔子曰："敏而好学，不耻下问。"实际上，领导虚心向下级学习更能显示出领导的大度和良好的个人品行。通用电气公司的前CEO杰克·韦尔奇就是一个善于向他人学习的领导，他也因此而让通用电气走向了更辉煌的阶段。

在执掌通用电气公司之后，韦尔奇通过大举裁员与部门融合，对通用之前的体制进行了由上到下地重新洗牌，而就在很多媒体和通用公司的员工都对韦尔奇此举表示质疑的时候，韦尔奇再次提出了一个出乎所有人意料的决策，即号召整个公司的员工都要奉行"以全球所有的公司为师"的企业价值观。尽管很多华尔街的财经人士都对韦尔奇此举表示赞同，并且通用公司的股票价格也因此而上涨，但公司的管理体制实际上早已是千疮百孔，所以摆在韦尔奇面前最大的问题就是如何建立起一个全新的机制。

韦尔奇没有单纯地组建新团队，而是从企业发展的角度出发，将目光放在了企业与市场的高度。因为他明白，只要动员整个企业

的员工和管理层展开一场向优秀公司学习的热潮，就能够彻底摆脱通用公司当前所面临的困境。

在韦尔奇的"向任何公司学习其优秀的管理经验"的口号下，通用公司重新焕发了神采和活力——不仅20年间公司的净利润出现了大幅度的提高，以107亿美元的年盈利成为全球第一，韦尔奇本人也被誉为"世界第一CEO"。与此同时，"向优秀的企业学管理"的做法也让很多在通用公司管理层工作过的领导者通过学习收获了很多知识和宝贵的经验，后来成为各大公司的CEO，而通用公司也被誉为"全球职业经理人的摇篮"。

由此可见，敢于向任何人学习已经成为众多企业管理者的共识。虽然有很多例子都可以证明领导应该抱有一颗向下属学习的心，但是有些领导还是很担心，如此一来自己的权威不是会有所动摇吗？会不会让自己的尊严受到打击？更重要的是向下属学习就等于承认自己的能力不如下属，这是很难让身居高位的领导者接受的。那么领导者该如何面对不如下属的尴尬呢？

汉朝的开国皇帝刘邦曾总结道："夫运筹帷幄之中，决胜千里之外，吾不如子房（即张良）。镇国家，抚百姓，给馈饷，不绝粮道，吾不如萧何。连百万之军，战必胜，攻必取，吾不如韩信。此三者，皆人杰也，吾能用之，此吾所以取天下也。项羽有一范增而不能用，此其所以为我擒也。"

一位很有成就的管理者说过，他的智慧和能力都平平，在公司至多算一般，但有一点却是别人无法企及的，那就是他总是设法使比自己聪明的人愿意在自己手下工作。

身居领导岗位的你可以不懂新技术，但是你一定要掌握最科学的管理方法，所谓"闻道有先后，术业有专攻"。

在日常管理中，领导者要善于发现每一位下属的长处和优势，放下身架，谦虚地向他们学习，这样才会不断进步。领导者的管理方式成功与否，不在于他是否具有非凡的能力，而是在于他能够不断借鉴别人的长处，通过学习别人的优点来逐步完善自己。所谓"成功是经验的积累"便是这个道理。

天士力制药股份有限公司总经理李文是这样说的："如果说只有一个位置，而我们两个人非此即彼的话，很可能谁也容不下谁。但事实并不是这样，家庭式作坊的运营模式早已被企业淘汰，现在的企业拿出了一套科学化的管理模式。如果有人有某方面的特长，我会安排他做符合他特长的工作；如果他综合能力比我强，我一定会推荐他到其他分公司做总经理；如果他坐我这个位置更合适，我可以去其他分公司。"

他还说："下属在某一领域强过领导，这是很正常的事情。我们是制药企业，我不是学医出身，可以说我是个彻头彻尾的外行，所以，从这点看，我觉得我手下的人都强过我。但我们现在发愁的还是人才不够多，我们是个求贤若渴的企业。我虽然身为领导，但不见得什么方面都强过我的下属。即使是能力超强的领导，也要依靠他人的辅助才能获得更大的成功，所谓尺有所短，寸有所长。"

领导者承认下属某一方面比自己强并不是件令人难堪的事情，反而会表现出领导者任人唯才的睿智和英明。

每日自省，看到自身的不足之处

"一日三省吾身"是君子修身养德必做的功课。它告诫人们要事事自省，时时自省。只可惜在这个物欲膨胀的时代，能做到自省的人寥寥无几。我们对别人和外部的世界总是太过关注，却对自我一无所知。发现自我以外的缺憾并不困难，难的是找到自己身上的毛病。唯有自省，才能使人深刻意识到自己的错误和不足，才能使人迷途知返，不再重蹈覆辙，找到人生正确的方向。

前两年，木制的手串在中国销路很好，于是一些人便铤而走险到某些政局不稳的东南亚国家走私木材。定金交了，该疏通的关系也都打理好了，却被当地警方逮捕了，木料最终还是没运回来，落个财物两空的下场。

这些人被释放回国以后整天抱怨，说那个国家的商人不讲诚信、警察像强盗，等等。他们把别人数落了一遍，唯独没有反省自己的问题。为了挣钱，到本来就危险的环境中去做一些违法勾当，最后不仅赔了钱财，还锒铛入狱，这实在怪不着别人。很多人对别人再微小的瑕疵，也总能明察秋毫；对自己显而易见的缺点，却总是视而不见。不懂得自省的人，永远是浑浑噩噩地生活、糊里糊涂地做人，整天只知抱怨别人的种种不好，却不肯虚心反省自我。不懂得自省的人，还总是在同一个问题上反复犯错，在同一个坑里来回摔跟斗。

在美国，有一位牧师主持过很多新人的婚礼。他外表看上去和蔼可亲，却对自己的儿子非常严厉，经常因为一点小事就要把儿子教训一通。父子俩经常吵得面红耳赤。

在一次激烈争吵之后，儿子选择了离家出走。焦急的牧师找到当地一位教育学者诉说自己的苦衷。学者还没开口，牧师就愤怒地数落儿子的种种不是：总和父母顶撞、晚上很晚回家、背地里偷偷饮酒、棒球比赛时打伤同学，等等。话没说完，牧师就流下了眼泪，他担心儿子现在的安危，更不知道儿子为什么那么叫人操心。

学者听了他的抱怨，语重心长地说："你每天都在指责儿子的不是，让他觉得自己就是一个无法变好的孩子，永远不会得到父亲的欣赏和喜爱。儿子变成今天的样子，你有没有想过自己该负怎样的责任？你每天都给别人送去祝福，为什么不能对自己的儿子多一些宽容和赞美呢？"

学者的话让牧师恍然大悟。作为一名父亲，他的确非常失职。他一直在埋怨孩子，竟然没想到很多问题其实都出在自己身上。

自省可以引发我们对过往经历，特别是失败经历的反思。在反思过程中，我们可以总结失败的教训，让自己的心灵得到启迪。自省就像是电脑里的杀毒软件，可以把我们内心中的病毒扫描出来，并启发我们找到杀毒的最佳方式。随着我们内心愈发干净和清澈，生活也会随之变得舒心。如果牧师能够多一些自省，或许儿子就不会离家出走，他也就不会那样悔恨和懊恼。

一个人一旦具备了自省的能力，便可以控制自己的欲望和冲动，驾驭自己的思想和心情。因为自省会让人体会到一种来自内心深处的无穷力量，会让人在应对各种挫折和挑战时表现出一种连自己都无法相信的潜力。不仅如此，我们还可以通过自省这面镜子，客观真实地认识自我，获得真正的智慧。

美国著名投资公司GMO在刚刚起步时，公司投资人杰里米为公司招聘了几位新人，其中一位叫杰瑞塔。杰瑞塔看上去非常普通，所有人都不看好他。可3个月过去之后，杰瑞塔的销售业绩却名列前茅，这让杰里米非常意外。

原来，杰瑞塔自上大学起就有"照镜子"的习惯，并一直坚持着。他每天都会给自己制订各种计划，晚上回家时便对着镜子自言自语，回顾这一天下来计划完成的情况，哪些做得好，哪些做得不好。日积月累，杰瑞塔对自己的长处和短处都了如指掌，并能在实际工作中注意扬长避短。所以他才会取得如此骄人的销售业绩。

兴奋的杰里米决定让杰瑞塔给全公司的销售人员做一次演讲，题目就是《照镜子的哲学》。后来，杰瑞塔成为公司销售总监，在全球各地都发展了他们的业务伙伴。

"照镜子"就是一种自省。人贵有自知之明，这个世界上最难解的谜题其实就是我们自己。通过自省，通过对自己的剖析，能够帮助我们抖尽身上的灰尘，找到解开谜题的钥匙，在黑暗中找到光明的方向。学会自省，还可以让我们拥有超越自我的力量，成为生活的智者。

苏联大文豪高尔基说："反省是一面莹澈的镜子，它可以照见心灵上的污点。"人需要自省，因为每个人都有缺点和不足，通过自省能够让我们日臻完善，从而在人生的长河中始终行驶在正确的航道上而不迷失方向。

第 十 章

做个有分寸感的人，
过适可而止的生活

掌握好激情与平淡的分寸，保持淡泊的心

也许很多人觉得，生活就必须要热烈奔放，每天都要活得激情满满，五彩缤纷，要时刻迸发力量。但是现实生活中并非每个人都能有如此奔放的心态和际遇，每个人都有不同的人生。比起热情与奔放，那些平平淡淡所编织的画面才更应该是人生中最美丽的色彩。

张友下班后约老同学李晨一起出去喝酒，李晨却说不想去，没心情。张友见他满脸不愉快，就问："咋的了兄弟？也没下雨啊，你怎么阴沉着脸，一副不高兴的样子？"

李晨闷闷不乐地说："怎么可能高兴得起来呢，原本是我的位置，现在坐上别人了！"

原来李晨一直在竞争他们公司里的一个经理位置，为此他花了很多心思，各项业绩也很好，但还是未能竞争上。

张友笑着说："哎呀，就这点事啊，没什么大不了的，你才多大啊，以后继续努力就是了，想开点！走吧，走吧，一起喝酒去。"张友拉着李晨去了酒吧，还对他说了很多安慰的话，李晨才算好了一点。

一个月之后，张友在回家的路上又碰见了李晨，发现李晨比以前瘦了很多，而且脸色蜡黄，像是刚生过一场大病似的。张友关切地询问："哥们儿，你这是怎么了？怎么几天没见你变化这么大，是哪里不舒服吗？"

李晨说："你说我多吃亏呀，我费了那么大的功夫，勤奋、努力、不休息，什么事都抢着干，可是这回连部门经理我都没选上。你说我在这公司里还有个什么奔头啊！"

张友安慰他说："别多想，看淡一点，再说你现在也不错，当着主任，薪酬也不算低，在公司也是重量级人物，别人比你资历老，上了也是应该的嘛。"

谁知道李晨竟然向他大声吼道："你知道什么啊，我付出这么多，我容易吗？凭什么资历老就应该把我踩到后面啊？我绝不甘心平平淡淡，我要活得精彩，活得壮观！我要往上升！往上升！你懂吗？"

李晨气冲冲地走了，张友怔怔地留在原地。

有人说，没有钱你拿什么支撑亲情、维系友情、呵护爱情？人生似乎只剩下功名利禄。尽管我们的日常生活离不开柴米油盐，但日子里也不能仅有赚钱和高升。我们应该怀有一颗淡泊的心，学会量力而行，坦然接受生活赋予自己的一切，做到宠亦淡然、辱亦淡然、有也自然、无也自然，如清风朗月一样来去不觉。宁静淡泊的心态会让你越发充满修养，在物欲横流的社会中保持自我，保持本真，保持宁静。那么，如何拥有一颗平淡如水的心，活得更淡然、洒脱、自信，从而获得心灵的充实、丰富、自由、纯净呢？

1. 不要一味地进行攀比

俗话说，人比人，气死人。生活是自己的，干吗总是要去和别人比较。如果我们能抛却他人的标准，用一颗平淡的心看世界，你会看到很多无处不在的幸福，这种幸福就是宁静、淡泊、从容，是任何攀比都带不来的满足感。

2. 懂得享受生活的惬意和温暖

工作很重要，但工作不是生活的全部。你可以在忙好工作的同时抽出一定的时间去陪陪家人，逛逛超市，去书店转转，去大自然中走走，约朋友一起吃个饭叙叙友情，或者泡一杯香茗，一边慢饮一边欣赏优美的乐曲、火爆的电视剧、皎洁的月光……那该是怎样惬意啊！

3. 善于从生活中发现幸福

生活中有很多的无奈和艰难，我们要善于苦中作乐，从生活压力中发现幸福，在幸福中体会感动，于风浪中寻求安宁，才能保持内心的平淡。平淡的生活看似无聊乏味，其实只要你细细品味，就会发现平淡的心反而可以让人放下焦虑，获得人生的一种享受。

人生本没那么复杂，你可以活得简单一些

诗人汪国真说："人生是公平的，你要活得随意些，你就只能活得平凡些；你要活得辉煌些，你就只能活得痛苦些；你要活得长久些，你就只能活得简单些。"简单生活，是一种智慧，也是一种人生境界。其实，人世间的关系根本没有那么复杂，尔虞我诈，钩心斗角无不是因为争名夺利，纷繁的世界本来很简单，只是每个人都想要的太多才有了恩恩怨怨、聚散离合。

有一个女孩叫杜晓，在一家互联网公司上班，今年 29 岁，也到了谈婚论嫁的年龄。在一次朋友聚会中认识了一位单身男士谭林。谭林对杜晓一见钟情，交往了一段时间后便表达了自己对杜晓的好感。谭林是一家服装公司的经理，年薪 30 万左右，有房有车，条件相对来说已经非常不错了。

杜晓的好朋友见谭林对杜晓有好感，两人也比较般配，就劝杜晓说："晓晓，你都快 30 岁了，别再磨叽了，谭林这个人人品不错，条件又好，打着灯笼都难找，他对你又挺喜欢的，差不多就得了，相处一段时间就结婚吧！"

可杜晓觉得谭林虽然喜欢自己，但还是爱自己不够深，需要再考察考察。另外，杜晓觉得可能会遇到更好的，所以想再等等。终于，有一次情人节，谭林为杜晓买了一大把玫瑰，还给她买了一套高档

护肤品，杜晓这才觉得谭林是爱自己的，但她又觉得谭林表达爱的方式还不够浪漫，她要等待谭林浪漫的求爱仪式。就这样，杜晓一直没有结婚，犹豫、挣扎、彷徨的同时也期待着谭林更多的爱。

谭林在向杜晓表达了自己的爱意后，杜晓一直没有答应，谭林想可能是杜晓不喜欢自己吧，自己毕竟也三十多了，不能再拖下去了。于是在一次父母安排的相亲中，谭林和另一位女孩走在了一起并很快结了婚，婚后也生活得非常幸福。

几年之后，杜晓已经三十多岁了，但仍然没有结婚。一次与好朋友聚会时，谈及谭林的美满婚姻和自己的现状，她回忆起当初谭林的追求，抱头痛哭，后悔不已……

其实，生活可以很简单，简简单单更是一种幸福。杜晓和谭林的爱情惨淡收场，主要是因为她把生活看得太复杂，她对爱情过于挑剔。如果她当时懂得珍惜，懂得满足，少一点苛求，那么，杜晓或许就可以与谭林幸福地在一起了。

在喧嚣的社会中体验一种简单的生活，不是更好吗？不钩心斗角，也不曲意逢迎，不做违心事，也不说违心话，随遇而安地生活，不也是人生一大乐事吗？

如果你想在简单中享受美好，那就请记住以下几点吧。

1. 不要总有"羡慕嫉妒恨"的心理

别人有花不完的钱、别人有优秀又体贴的丈夫、别人的妻子温柔贤惠、别人的汽车高端大气上档次、别人浑身都是名牌……为什么别人的总是好的呢？世界上那么多的"别人"，那么多别人的"好东西"，你都可以占有吗？何必怀着"羡慕嫉妒恨"的心理去看待这一切呢？

2. 选择自己喜欢的生活方式

"复杂"的反义词是"简单"，简单的生活就是抛弃眼前纷繁复杂的一切，去做自己喜欢的事情。最终，不管选择哪种生活方式，我们都能拥有属于自己的幸福空间，能够从中感受到身心放松，充分发现和享受生活中的美丽与魅力。

3. 充分认识简单的意义

想要过好简单的生活，这件事情一点都不简单。我们说得简单，并非家徒四壁或是佛门中的四大皆空，而是不要被物质所裹挟，做到随心所欲、进退自如。以这样一种积极、满足的心态去对待任何事情，就不会有那么多的不如意和烦恼了。这就是简单的艺术，这就是简单的生活。

生活需要的是快乐，而不是对完美不停地追逐

　　每个人都在追求完美，有人甚至为了追求它而耗费了自己一生的时间。我们知道，人们在追求完美的过程中可以不断地完善自己，充实自己，使自己变得越来越优秀，这是一种积极向上的表现。但是，追逐完美也要有分寸，如果我们过分地追求完美，那就是一种病态了。此时的完美就是一个美丽的陷阱，诱使我们陷入泥潭，受尽折磨。

　　无论什么事物，都有它的临界值，如果我们抱着置事物本身于不顾，不得到理想中的结果就不罢休的态度，那我们只会品尝到苦涩的果实。要明白，有时候，瑕疵和缺憾也是一种美。

　　有人认为，完美主义体现的是一种对生活的认真态度，是一种积极、正确的行为。其实不然，过分追求完美会让你失去生活的乐趣，因为你对完美的向往或许已经完全蒙蔽了你的双眼，让你看不到沿途的美景。过分追求完美会让你很累，特别是当你无论怎么努力都达不到所谓完美的时候，你会否定自己所有的努力和汗水，抱怨命运的不公。

　　我在旅游时遇到过一位六十多岁的老人，他没有结过婚，过着到处旅行、流浪的生活。他每天都忙忙碌碌，愁容满面，似乎还是没有找到想要的东西。

　　我问他在找什么，他说："我在寻找一个最完美的女人，我要娶

她为妻！"

我继续问他："去了那么多地方，找了那么多年，难道你就没有见到过一个完美的女人吗？"

"有的，我碰到过一个，那是仅有的一个，她真是一个完美的女人！"

"那你为什么没和她结婚呢？"

老人叹了一口气，满脸无奈地说："她也正在寻找一个完美的男人同她结婚！"

这位老人之所以还是孑然一身，究其原因都是追求完美惹的祸。老人因为坚持完美而错过了很多他原本可以拥有的伴侣。他不明白，完美是不存在的，生活更不可能有完美的结果。因为追求完美，人们便会对不完美的东西不屑一顾，这常常会使他们失去更多美好。所以，我们无论是做人还是做事，都要面对现实，从实际出发。

我们只有学会不苛求生活中的琐碎小事，不一味地追求完美，才能拥有更轻松的生活。可是，完美主义者却偏偏给自己设定一个十全十美的目标，所有的事情都要求自己做到最好，一旦得不到预想的结果就会深深自责甚至沮丧消沉，彻底怀疑和否定自己。这样的生活岂能轻松？岂能快乐？

很久以前，在干旱的沙漠边缘地区住着一位牧人，他的家里非常贫穷。他很羡慕富人的生活，幻想着自己有钱的那一天。然而现实总是残酷的，他还是过着自己原来的生活。

一天夜里，牧人梦到一位天使对他说："我是幸运之神，住在一百里外的石洞里。你来拜访我吧，不管你有什么愿望，我都会满足你的。"

牧人醒后感到很兴奋，决定前去一探究竟。第二天，他骑着骆驼出发了，走了两天两夜，水和食物都消耗完了。就在他饥渴不堪的时候，他看见前方果然有一个发出七彩光芒的洞穴。走进洞穴里，他见到了光芒四射的天使。

天使把一个红箱子送给他，说道："这个宝物可以让你改变一切。我教你一句咒语，只要你念了它，再把心里想要的东西告诉箱子，之后你打开箱子，你想要的东西就会出现在眼前。但有一个条件，它只可以使用一次！"

牧人很感动，此时他又饥又渴，便问天使："我现在最需要的是一顿饭。你可以满足我吗？"

天使说："可以！"接着天使又交给他另一个蓝色箱子说："这是另一个宝物。我教你另一个咒语，只要你念了它，再把心里需要的东西告诉箱子，之后你打开箱子，你需要的东西就会出现在眼前。它也只可以使用一次！"天使说完后，就消失不见了。

牧人太兴奋了，赶紧对着蓝色箱子念了咒语，要一些食物和淡水。打开箱子，他的愿望果然实现了！

次日，他带着万分高兴的心情回去了。一路上他念了咒语，把一件件愿望告诉了那个红箱子。牧人首先想到了牧场，于是他告诉红箱子，他要一片牧场。有了牧场之后他觉得还需要一片果园，可是只有果园并不完美，所以他又要了一座花园，但是只有花园怎么足够呢？他还需要一幢宫殿，并要求房子的庭院里有一个大水池。而水池底下也不能光秃秃的，要缀满宝石，池里有音乐喷泉，池上又有鸳鸯、天鹅等等。另外他想回到家后再叫他的太太把她所想要的东西一一告诉宝箱，直到他觉得自己的人生足够完美之后才停下来。

他一路上都非常高兴，然而一天之后，他发现食物越来越少，淡水也快喝完了。他有点懊悔，抱怨道："当时要的食物和淡水太少了。"但他又想道："不要紧！再坚持一天，到了家打开红箱子，那么一切就都有了！"于是，他忍着饥饿和口渴，在沙漠里缓缓地前行着。

第三天，他实在熬不下去，从骆驼身上倒了下来，手里抱着的红箱子也掉在地上。这时，牧人实在撑不住了，于是伸手把红箱子的盖子掀开。顷刻间，他的愿望全都实现了。

只是，他要的花园太大了，房子在远远的另外一端，他要通过花园才能到家门口。他鼓足了劲拼命地向前奔跑，跳进了水池里。跳下去之后，他才想起自己根本不会游泳，于是使劲挣扎，但身体却不听使唤，一直往下沉。他要求的水池太大了，也太深了，他的脚根本够不到池底。

就这样他沉下去，最后他看见了缀满宝石的池底，还没来得及高兴就溺死了。在溺死前他还在拼命挣扎，脑海里只有一句话："谁来救救我啊！现在我想要的都已经出现在眼前，我的人生即将圆满了，可是一切都完了！"

为了追求完美，这位牧人不停地要求，不停地索取，不承想却因此而丢掉了自己最宝贵的生命。

世界上没有绝对完美的艺术品，也没有绝对完美的伴侣，更没有绝对完美的生活。过于追求完美的人，常常会束缚自己，就像总想把梦幻中的美景带到现实中的人一样，经常会感到沮丧和失望。我们应该静下心来想一想，如果真的有完美存在，那为什么还会有那么多人叫喊"不公平"呢？

我们总是希望自己不犯错误，把任何一件事情都做得完美无瑕。因此一旦犯了错误，没有把事情做到完美，就常常会自责、抱怨，让自己在精神和肉体上承受巨大的折磨。其实何必这样呢？完美是不可能达到的，人只有懂得满足才能享受到生活的乐趣。所以，无论做什么事情，只要我们真正努力过就应该感到满足，一味苛求完美是没有意义的。

我们要学会为自己的努力成果喝彩，换一种心态看待生活中的残缺，或许我们就能收获一个轻盈的自己。

看淡得失，生活离幸福更近

我们知道，在得到某件东西或某项成就之后，我们总不免有喜悦之情涌上心头；而如果是失去某件东西或某项成绩，那么我们就会陷入深深的沮丧当中。成则喜，败则忧，这是人之常情，任何人都不可避免。

然而我们也知道，有成必然有败，有得必然有失。成功时纵情欢乐容易，但在失败时能够将悲伤情绪合理排遣掉就非常困难了。

《大腕》这部电影叙述的是北京青年尤优为国际大导演泰勒承办葬礼的故事。因缘际会，尤优认识了国际名导泰勒，并得到身体每况愈下的泰勒承诺替泰勒举办一场别开生面的葬礼。

为了把葬礼办好，尤优找到好友路易王。在路易王的策划下，两人将泰勒的葬礼完全办成了一场捞钱的表演。随后在葬礼即将举办、两人即将成为百万富翁之际，却得到了泰勒病情好转的消息。尤优为此躲进了精神病院，路易王却因受不了这心理落差的刺激，一下子疯了。

剧中人终归是表演，但道理却很现实。我们的生活中充满了赢得起、输不起的人，这些人在成功时不懂得收敛以至于纵情声色，到失败之后又不懂得调节心绪而一蹶不振。这样的人即便是一时有所成就，也难以长久。

那么一个成熟的人应该怎样看待成败呢？《庄子》里面有一句话——"得而不喜，失而不忧。"得到了不必狂喜、狂欢，失去了也不必耿耿于怀、忧愁哀伤，无论是得是失，永远保持一颗淡定超然的心。成大事者莫不如此，也只有如此才有权利享受上天赐予的成功人生。

得而不喜，失而不忧，这是一种非常高的人生境界。拥有如此人生境界的人，相信无论是居庙堂之高，还是处江湖之远，都能够泰然处之。古代著名的医学家李时珍就是这样的一个人。

李时珍，蕲州人（今湖北省蕲春县），明武宗正德年间生，因家中世代行医，李时珍从小就奠定了良好的医学基础。后来李时珍来到皇宫成了一名御医。在太医院，李时珍见到了人世间最富贵繁华的景象，接触了人世间最显赫高贵的人，然而这一切并没有令他沉醉，他明白自己要的是什么——成为一名好医生。

因缘际会之下，李时珍离开了皇宫。在离开皇宫之后，李时珍仍然可以过富贵的生活，然而他没有那样去做。他选择深入民间，到那些最贫苦、最卑贱的人群中嘘寒问暖，救死扶伤。从朝堂到民间，从太医到乡土郎中，李时珍没有任何不快，仍然一心一意地对待每一个病人，刻苦钻研每一味药方，亲自尝试每一种草药。

几十年如一日的坚持，终于让李时珍实现了自己的抱负，他编撰了中华历史上最伟大的一本医书——《本草纲目》，并因此载入史册为后世所敬仰。

在当今社会，像李时珍这样看淡得失的人已经越来越少了，也正因如此，才使得我们这个社会物质上成功的人越来越多，精神上成功的人越来越少。大多数人都把自己的快乐和忧愁建立在得失之上，得到了就非常高兴，一旦失去就过分忧虑，甚至为了多得到、少失去，不惜牺牲自己的道德和尊严。

人们之所以会那么重视自己的得失，是因为我们已经将人生是否成功完全与物质上的得失等同起来。比如说，租房子住的人觉得买房子住的人比自己幸福，有房子住的人又觉得住别墅的人比自己幸福，而住别墅的人也以为别人比自己幸福。在这种心态的驱使下，每个人都感觉自己是不幸福的，所以每个人都拼命地去争取更多的财富，让自己的生活更加"幸福"。然而，物质的增加永远都不会让我们的心灵得到彻底的满足，反而会让我们受到物质的拖累。

一个没有多少财富的人，过着简简单单的生活，他的人生未必不快乐、不充实。然而有一天他中了百万大奖，一夜暴富。有了钱，自然就要想怎么去花，一下子，他的欲望之门就被打开了。他不再逛菜市场讨价还价，而是整天为去哪个高档餐厅发愁；他不再为每天上班赶公交、挤地铁发愁，而是直接买了一辆豪车，还雇了个私人司机，他的生活完全改变了。

然而好景不长，因为过于膨胀的欲望，他中奖的钱慢慢被他挥霍一空，他不得不再次过起清贫的日子。然而他的心却再也感受不到以前那种简单的快乐了。因为他吃惯了山珍海味，就不想再吃萝卜白菜了；他坐惯了轿车，就不想再挤公交了。但山珍海味和轿车毕竟已经成为过去，他只能陷入现实的苦恼中无法自拔。

其实他这种苦恼完全是自找的，试想他如果一开始就保持一种良好的心态，对暴富淡然处之，那又怎么会有这种情况发生呢？

　　某单位一个小职员，一直过着安分守己的日子。有一天，他闲来无事用两元钱买了一张彩票，但没想到真的中了个大奖。因为平时就喜欢跑车，于是他用奖金买了一辆跑车，整天开着车兜风。

　　然而有一天他的车子被盗了。朋友们得知消息后都怕他受不了这一打击，便一起来安慰他。可他却哈哈大笑地对朋友们说："如果你们中有谁不小心丢了两块钱，会悲伤吗？"众人面面相觑。他接着说："我用两块钱买了张彩票，然后得到了车，现在车丢了，不也就是两块钱的损失吗？"

　　一反一正，这位小职员的心态值得我们所有人学习。其实，人这一生的荣辱都是做给别人看的，跟自己并没有太大的关系。而只有自己过得幸福，那才是人生的真谛。"不以物喜，不以己悲"，得之，我幸；失之，我命。用这种宁静平和的心态对待人生的起伏，那么无论是得还是失，我们都能够描绘出美丽的人生画卷。

忙碌要有分寸，留出释放自己的时空

在现代快节奏的生活中，每个人都加快了步伐，为了生计抑或是梦想拼命向前跑。为了过上想要的生活，人们总把自己的神经绷得很紧，似乎除了追赶的那个目标，周围的一切都可以忽略无视。很多人整天在焦虑和匆忙中度过，甚至在忙碌中忘了快乐与自己。

的确，想要取得更大的成就与辉煌你必须付出加倍的努力。然而，当生活只剩下单调得如机械般的重复劳作，又何谈人生的美好与乐趣？用无限的压力和焦虑换来的未来，又何谈享受与欢愉？

只有会品味生活的人才能感受到彼此间的温情，嗅到道路旁花草的芬芳，体会到四季轮回中的冷暖。你可以为了理想去拼搏，但不能一直让自己处于奔跑中。我们应该在忙碌之余，放慢自己的步伐，给自己留出释放的时空，不忽略沿途的风景，感受大自然的静谧与神奇，获得一份高远和清新。

李梅梅觉得自己的人生平淡得就像一杯温开水。她是一名教师，从师范毕业到今天，在这个岗位上已工作了二十余年。李梅梅并非喜欢教师这一行业，因为她不知道自己喜欢什么，也就按照父母对她人生的规划生活着。工作两年后，父母认为李梅梅应该嫁人了，于是她便通过相亲认识了现在的丈夫，半年后两人结婚了，然后就是生孩子。

如今四十多岁的李梅梅每当回想起往事就觉得自己前半辈子只做了三件事，那就是读书、工作、嫁人，她觉得自己后半辈子应该也就这样一成不变地过下去。与身边的同龄人相比，李梅梅的模样绝对称不上老，可她觉得自己已经老了，心老了。循规蹈矩的日子让李梅梅都预料得到自己明天、后天、一年后、十年后的生活。李梅梅也曾想要有所改变，可当她尝试插花、刺绣、瑜伽等活动时仍旧没什么兴趣。

　　李梅梅看着儿子结婚，孙子出生。退休后的李梅梅负责带孩子，但新生命的来临并没有给作为奶奶的李梅梅带来太多欢喜。李梅梅越来越习惯一个人发呆，思维与行动变得迟缓。渐渐地，一种了无生趣的念头占据了李梅梅的脑海。待家人发现李梅梅这种行尸走肉的状态时，李梅梅的情况已经很严重了。经诊断，李梅梅患上了老年痴呆症晚期。对于疾病，李梅梅也没有表现出惊讶抑或是恐惧，她平静地接受了治疗。只是，李梅梅的症状并没有好转，反而越来越严重，家人明显感觉到李梅梅已经丧失了对生活乐趣的期待。对于生无可恋的李梅梅，家人想尽了一切办法，无论是药物治疗还是心理治疗，都没有什么起色。

　　迷上摄影对于李梅梅来说是很偶然的一件事。当李梅梅看到镜头捕捉到的大自然的鲜活画面时，一种新生的感觉就从心底萌芽，开出花来。李梅梅买了一台相机，在说服家人后独自上路了。她把自己交给了大自然，沉醉于大自然的一草一花一树叶，全身心地投入到了大自然的怀抱。半年后，李梅梅回了一趟家，家人诧异于年过半百的她又浑身充满活力，都为她的重生感到由衷的高兴。以后的日子里，李梅梅每隔一段时间就会走出去，奔向大自然，让身心得到放松，感受大自然赋予她的温暖与欢欣。

给自己留有时间去休息与调节，日子才不至于过得忙碌而乏味。时间是自己给的，轻松也是自己给的，即使生活充满琐碎和繁杂，累了就应该放慢脚步，放松自己，让心灵的疲惫得到缓冲。用心感受一草一苗的存在，你会发现人生中有很多东西值得我们静下心来细细品鉴。

诗人巴尔蒙特曾说："为了看看阳光，我来到世上。"大自然是天生的艺术家，连绵的青山、波澜壮阔的大海、一望无际的草原都足以让你陶醉其中。总之，无论处于人生的哪一个阶段，都应该用心体验每一个有意义的过程，让心灵得到宁静。烦恼并非你所愿，但你可以走向大自然，接受大自然的洗涤，偷得浮生半日闲。

试着放慢脚步，会发现很多细小的美好

忙碌要有分寸，要学会忙里偷闲。忙里偷闲就好像是将自己置身于维修站中，修整修整已经不堪重压的身躯，然后甩掉那些挂在心灵上的大小包袱，为自己充充电，接着轻装前进。偷闲才可以让我们走出樊笼，得到出乎意料的畅快，让我们在繁忙中体会到那一份无法比拟的舒心，享受到全身心的放松。这是为了更好地忙，一家饭店门前有这样一副有趣的对联：为名忙，为利忙，忙里偷闲，且喝一杯茶去；劳心苦，劳力苦，苦中作乐，再斟两壶酒来。我们常常感叹自己活得太累，过得太苦，因为我们的眼睛总是喜欢紧紧盯着上面，常常以物质的丰足、名利的高低作为衡量幸福的标准。可是当我们真正拥有了金钱、名位以后，并不一定能感受到幸福的滋味。因为为了维持所谓的幸福，我们依旧得不停地忙碌、奔波、劳累，而这些又总是让我们觉得没有得到理想中的幸福。当岁月磨掉我们所有的野心和欲望，迟暮之年回过头来才会发现，真正能让我们感到幸福的，其实是当下那份实实在在的拥有，就好像是忙里偷闲的一杯茶，苦中作乐的两壶酒。

有一次，我在约旦旅游，到一个小镇去寻找古遗址。但两周以来都是荒漠，赶了很长的一段路也没有看到尽头。当时我一心想尽快到达目的地，一路上只顾埋头走路，累得筋疲力尽。眼看就要到

达终点了，我终于松了口气。就在这时，我感觉到自己的鞋子有一粒小石子磨得双脚很不舒服。

其实我刚开始赶路时就感觉到那粒小石子在鞋子里硌得脚疼。但是那时我一心忙着赶路，不想停下来浪费时间，干脆不理会。

直到快到终点，我才舍得停下急匆匆的脚步，心想快要到了，既然有时间，还是脱下鞋子，把那粒小石子倒出来，让自己轻松一下吧。

就在我弯下腰准备脱鞋的时候，不经意间瞄向了路两边，竟然发现沿途的荒漠和凄凉的景色异常美丽。想想自己这一路走来，心思只停在匆匆忙忙地赶路上，竟然没有留意到，这一路怕是错过了不少美景呀。

我脱下鞋子，将那粒小石子拿在手中，不禁感叹道："小石头呀！原来你这一路不停地刺痛我的脚，是为了提醒我慢点走，留意生命中的美好啊！"

我有了这粒小石子的提醒，好歹还算得以醒悟。那么，同样在生活中忙碌的人们呢？

都市生活让很多人都像上足了发条一般在城市的快节奏中步履匆忙。我们每天忙着处理各种事务，忙着满足自己的各种欲望，花费大量时间和精力把我们从物质世界赢来的一件件物品堆砌起来，看着不断增多的胜利品，我们以为这就是幸福。然而，大多数时候，我们得到的只是另一个现实世界，里面满是攀比、茫然、疲惫、烦恼，甚至绝望，唯独缺少拥有后的快乐和满足。于是我们困惑了，难道这一切就是我们苦苦追求得到的结果吗？

为了追寻我们心中所谓的幸福，这一路上我们从不敢停歇，生怕脚步一慢下来就会拉开与幸福的距离。我们每一天都行色匆匆，来不及欣赏城市的美景，甚至与亲人朋友相处的时间都越来越少。可是等我们终于把所追求的一切纳入怀中时，却发现或许已经错过了真正的幸福。我们像一只被自己的欲望劫持的船，眼里只有目标，只有彼岸，全然忽视了河岸两边美妙的景致。这样的人生难道不会留下太多遗憾吗？

　　让我们偶尔放慢脚步，缓缓走过每天都要走的路，安静地欣赏路边的一树一花，慢慢地拉着爱人的手回家，好好欣赏周围的一切，也许一直寻找的幸福就躲在下一个转角。

　　停下来，试着放慢脚步，你就能发现许多平时不曾注意的美好。卸下对未来的种种担忧，放下对"得不到"和"已失去"的执着不舍，好好把握现在拥有的幸福，这才是人生最珍贵的东西。此时此刻所拥有的才是世界上最真实的幸福。每一次有奇特的天文现象发生，人们就会将其当作不可错过的焦点。如果天上的星星都只出现一次，会有什么事情发生？人们一定都会出去仰望，每个看过的人都会大谈特谈看到的景象多么神奇壮观，媒体也一定会在事前事后做足宣传。而事实上，敬业的星星几乎每晚都出来装点夜空，面对这熟悉的风景，我们却很久都不曾抬头去看一眼。

　　正如罗丹所言："生活中不是缺少美，而是缺少发现美的眼睛。"我们根本不必费心地四处寻找，美本来就是随处可见的。给忙碌的自己放个假，放松心情，从记忆深处找出那些没有压力、使你感到愉快的经历，在回忆中慢慢安静下来。你会发现，这个让自己安静下来的过程，本身就是一种乐趣。把平日里的烦扰和压力丢在一旁，只用心静静体会快乐的感觉和幸福的滋味，或许那种快乐和幸福都是淡淡的，但你要相信，能被珍藏在记忆深处的一定是真正的快乐。先慢下来，抛去欲望和执念，耐心地等待静谧心情的到来。心静下来了，浮躁的心情开始远去，随之而来的就是一份舒适和自在。

我们周围常会有这样一群人，他们工作勤奋、努力，但是脾气暴躁，生活混乱。他们只顾匆匆赶路，常常忘了欣赏路边的风景和周围美好的事物。久而久之，他们变成了只会工作，不会生活的人，越来越不幸福。不幸的是，这样的人似乎越来越多了。在当今这个高速运转的快节奏社会里，人们常常因为走得太快而错过很多美好的风景，失去了一份生命的美好体验，得不偿失。无论你的目的地在哪里，都要记得偶尔放慢脚步，静下心来好好欣赏路上的风景，因为有时候幸福就是躲在安静背后的一道风景。

给自己一个微笑，忘却人生的一切烦恼

快乐与幸福可以说是世人所追求的最理想的生活状态，无论途中遭遇多少坎坷，人生最终的目的都是为了获得快乐和幸福。长期抱怨的人会很容易犯一个错误，那就是助长自己脑海里的消极想法，他们不会快乐，也不会幸福。有人说："我知道我不该抱怨、不该生气，但我不知道该怎样让自己不去抱怨、不去生气……"

其实有一个方法可以帮你解决这个问题，那就是微笑。人生不可能每天都快乐，如果碰到了烦恼的事情，记得给自己一个微笑，起码能使自己有一个短暂的好心情。

因为每个人的经历和对快乐的定义不同，所以快乐因人而异，谁也无法替代谁。乐观主义者说："人活着，就有希望。有了希望就能获得幸福。"他们能在平淡无奇的生活中品尝到甘甜，快乐如清泉，时刻滋润着他们的心田。微笑，本身就是一种感情交流的美好神态，对别人真诚地微笑，体现了一个人热情、乐观的心态；对自己微笑，则是一份乐观的自信，让我们的心灵一直跳动在愉悦之中。

那些不善于微笑的人，总是悲观地看待周围的一切，结果就被悲观淹没了。

乐观开朗的小赵大学毕业后应聘去了北京的一家大型外贸公司。上班第一天，小赵非常谨慎。虽然公司离住的地方不远，但他为了给公司的人留下一个好印象，还是早早起床，又穿上一套职业装，把自己打扮得非常精神才出门。

他本以为这样做可以引起公司的领导和同事们的注意。可是事与愿违，到了公司之后，人力资源部经理把他领到他所工作的后勤部之后，就再也没有人搭理他，同一部门的同事们也没有人主动跟他交流。

小赵在座位上等待部门经理安排任务，可是等了半天经理也没有来，他只好主动去找经理。部门经理对他说："小赵啊，你去把饮水机的水换一换，再去帮大家买些充值卡，捎带着把大家的午饭买回来……"

从此小赵就开始做这些琐碎的事情。过了一阵子，小赵感到非常郁闷和无奈，他不知道该如何是好，拒绝又担心部门经理会生气。本来对于他来说，帮助同事是非常乐意的一件事情，可是没有一个人说声谢谢，也没有人对他的行为表示肯定。更让他生气的是，这些琐碎的事情在同事眼中仿佛都成了他的"本职工作"。对此，小赵连续失落了好几天，脸上根本没有一丝笑容，心里也一直抱怨部门经理不"体察民情"。就这样，小赵在压抑和抱怨中工作了几个月的时间，最后辞职走人。

此后，小赵的情绪一直很坏，在求职中也屡屡碰壁，完全没有了当初的劲头与信心，原本一个乐观开朗的小伙子变成了一个满腹牢骚的人。

小赵是职场新人，由于没有经验，所以没有处理好与上司、同事的关系，因而心生抱怨。但抱怨根本解决不了问题，还会让自己的心情一直低落，感觉不到快乐。我们周围还有很多像小赵一样的人，抱怨生活不公平、不如意，总是跨不过那扇快乐之门，一直生活在抑郁、忧伤之中。

人活一世，肯定会遇到各种各样的事情，这其中肯定会有让我们感到心烦、抱怨的事情，但这就是生活。爱抱怨、发牢骚是人之常情，但如果你整天沉溺在自己的悲伤情绪和无边的恼怒之中，你就永远也体会不了快乐。

所以说，抱怨其实是很愚蠢的行为。要解决这个问题非常简单，不管什么时候，不管面临怎样的情况，只要我们能够始终保持微笑就好了。微笑具有超出想象的力量，当你对一个人微笑时，他也会还你一个微笑，你们彼此都会获得一个好心情。

世界会因你的微笑而改变，生活也会因你的"毫无怨言"而变得更加美好。

刘松是一家金融投资公司的部门经理，在同事们看来，他总是深沉而严肃，一天到晚都绷着脸，没有一丝笑容。正因为如此，他没有亲密的朋友，也没有谈得来的同事。

他的个人生活也非常糟糕，与太太结婚十多年，日子枯燥无味。这么多年来，太太也难得看到他微笑一次。为此，太太不止一次抱怨过他。

一天早晨，刘松照例洗漱完准备上班。突然，他从镜子里看到自己绷得紧紧的脸孔，感觉非常僵硬。他吃了一惊，心中开始不安。他给我打电话，向我说出了他的不安。我想想也不知道如何安慰他，就说带他去看心理医生吧。后来，我们去看了心理医生，他将自己的苦水倾倒出来。医生建议他多微笑，逢人就微笑。

看过医生后，刘松就尽量做到医生的要求。早餐时间，太太叫他吃早餐，他立刻高兴地回答："我马上来。谢谢你天天为我做早餐，你辛苦了。"说着便满脸笑容地走了过去。谁知他的太太愣了神，没有想到他今天会跟往常不一样。不过，她还是高兴地说："你今天是不是遇到好事情了？"他愉快地回答说："从今天开始，我们都要生活在喜气洋洋的氛围中。"

来到公司后，刘松微笑着向同事们打招呼。大家在诧异和好奇中慢慢地接受了他的转变，并对他报以微笑。慢慢地，他跟同事们打成一片，无形之中关系拉近了不少。如今的刘松跟之前完全是两个人，之前他阴沉、严肃，而现在他快乐、充实，感觉自己充满了能量。

如果你能意识到自己不该抱怨的话，那就应该时刻保持微笑，积极调控情绪，多跟积极阳光的朋友往来，每一天都在愉快的气氛中度过。

无论生活给了你多少失落和波折，人生给了你多少辛酸，只要你回报一个微笑，让微笑的花朵永不凋谢，那么你就能拥有一份内心的宁静与淡然。给生命一个微笑，你的生命将因微笑而精彩，你的微笑也将更加灿烂。